LA GÉOPOLITIQUE
DES SÉRIES

Du même auteur

Crises et guerres au XXe siècle : analogies et différences (dir.), IFRI, Travaux et recherches, 1981.
Le Système communiste : un monde en expansion (dir.), IFRI, Travaux et recherches, 1982.
Le Nouveau Continent : plaidoyer pour une Europe renaissance, avec Jacques Rupnick, Calmann-Lévy, 1991.
Les Cartes de la France à l'heure de la mondialisation, dialogue avec Hubert Védrine, Fayard, 2000.
La Géopolitique de l'émotion : comment les cultures de peur, d'humiliation et d'espoir façonnent le monde, Flammarion, 2008 ; « Champs », nouv. éd. 2015.
Un Juif improbable, Flammarion, 2011.

Dominique Moïsi

LA GÉOPOLITIQUE DES SÉRIES

ou le triomphe de la peur

Champs actuel

© Éditions Stock, 2016.
© Flammarion, 2017, pour cette édition.
ISBN : 978-2-0813-9587-9

*Pour Mila,
ma petite fille,
née le 18 novembre 2015
Symbole du Triomphe de la Vie
Face au Triomphe de la Peur
dans la réalité comme dans la fiction.*

Préface

« *Winter is coming* » – « L'hiver approche ». Les « initiés », ils sont des millions à travers le monde, auront tout de suite saisi la référence. Il ne s'agit pas ici de l'évocation banale du passage des saisons, même si ces lignes sont écrites à la fin de l'automne 2015. L'hiver qui vient – certains diraient qu'il s'est déjà installé, surtout au lendemain des attaques sur Paris du 13 novembre 2015 – est plus métaphorique que réel en cette période de réchauffement climatique. C'est l'hiver qui s'installe progressivement et comme irrésistiblement au sein du royaume de Westeros. Nous sommes dans l'univers de *Game of Thrones*, la série télévisée la plus populaire du moment, sinon de l'histoire jusqu'à présent, qui a été récompensée en 2011, 2014 et 2015 aux Emmy Awards (l'équivalent pour le monde des séries de ce que sont les Oscars pour le monde du cinéma).

C'est l'hiver, synonyme de violence, de noirceur morale tout autant que physique.

Mais l'expression « *Winter is coming* » n'est pas seulement devenue une formule culte, l'équivalent pour notre planète mondialisée de ce qu'a été pour la France telle ou telle réplique extraite des *Tontons flingueurs* comme « Faut reconnaître, c'est du brutal » ou « Les cons, ça ose tout, c'est même à ça qu'on les reconnaît », par exemple, ou, pour une génération plus ancienne, le « T'as d'beaux yeux, tu sais ! » de Jean Gabin à Michèle Morgan dans *Le Quai des brumes*. Dans le monde des séries américaines, l'équivalent serait sans doute, l'expression : « *We were on a break* » (Nous étions en pause), qui revient à intervalles réguliers dans la série *Friends* à partir de la saison V. (Je remercie mes enfants pour leur culture encyclopédique sur ce sujet.)

La formule « *Winter is coming* » est devenue culte, non parce qu'elle est drôle ou romantique, mais parce qu'elle traduit et résume toutes nos appréhensions face à l'évolution d'un monde qui nous semble toujours plus chaotique et anxiogène. Elle reflète la montée au sein de nos sociétés d'une culture de peur, qui gagne progressivement l'ensemble des continents, alors que, pour citer le vers de Verlaine, « l'espoir a fui, vaincu, vers le ciel noir », ou que celui-ci, pour les plus optimistes, se réduit simplement comme peau de chagrin sous nos yeux.

À l'heure de la mondialisation, la série télévisée est devenue une, sinon « la » référence culturelle universelle, incontournable même, pour qui s'attache à analyser les émotions du monde. De même que l'on ne peut comprendre le monde sans y intégrer la dimension des émotions, de même peut-on vraiment comprendre aujourd'hui les émotions du monde en ignorant les séries télévisées ?

Dans un livre antérieur publié initialement en 2008 et actualisé à plusieurs reprises, *La Géopolitique de l'émotion : comment les cultures de peur, d'humiliation et d'espoir façonnent le monde*, je m'étais attaché à dessiner une cartographie des émotions du monde. Plus d'espoir en Asie derrière la croissance économique de la Chine et de l'Inde, plus d'humiliation dans le monde arabo-musulman, plus de peur en Occident de l'Europe aux États-Unis.

Ce nouvel essai sur la géopolitique des séries prolonge et actualise ma réflexion d'hier.

Les séries ne sont pas seulement devenues l'équivalent de ce qu'étaient les feuilletons au XIXe siècle : une dimension essentielle de la culture. Leurs scénaristes sont, pour les meilleurs d'entre eux au moins, comparables à ce qu'étaient les grands romanciers d'hier, de Balzac à Flaubert en passant par Dickens. Ils ne se contentent pas d'analyser froidement la réalité. Ils la sentent et la devinent, par le pouvoir de leur intuition et le courage et la lucidité de leur imagination. De fait, ces scénaristes sont devenus les meilleurs analystes des sociétés et du monde contemporain, sinon les plus fiables des futurologues. Alors que les spécialistes les plus reconnus déclaraient la guerre sinon impossible, du moins hautement improductive, et donc improbable à la veille du premier conflit mondial – le succès planétaire du livre de Norman Angell *La Grande Illusion* en est l'illustration la plus parfaite –, on retrouvait dans la peinture d'Egon Schiele, Edvard Munch ou de Georg Grosz comme le pressentiment de la catastrophe à venir, comme si le caractère dépressif (de certains au moins) avait fait d'eux des médiums du monde.

De très nombreux ouvrages, certains excellents – comme ceux en France de Martin Winckler, *Petit Éloge des séries télé*, ou de François Jost, *De quoi les séries américaines sont-elles le symptôme ?* –, ont été consacrés à l'univers des séries. La plupart sont le fait de médiologues, de spécialistes des médias. Mais peu de géopoliticiens se sont penchés sur le sujet au point de lui consacrer un véritable essai. À dire vrai, je ne pense pas que cela ait été fait. Sans doute la thématique apparaît-elle trop légère et, pis encore, trop subjective, sinon trop incorrecte idéologiquement. Pourquoi donner tant d'importance à un genre toujours dominé par la culture américaine, ou tout du moins anglo-saxonne, même si des pays comme le Danemark, la Suède, la Norvège, l'Australie, la France et Israël, sans oublier les pays émergents comme la Corée du Sud, la Turquie, le Brésil ont réussi des percées notables dans ce domaine ?

La réponse est simple. Les séries ont connu une véritable révolution culturelle au cours des quinze dernières années. Et elles ont atteint un niveau d'excellence inconnu jusqu'alors, à peu près au moment où le monde était confronté à l'hyperterrorisme des attentats du 11 septembre 2001. S'agit-il d'une simple coïncidence ou d'un principe de cause à effet ? « Les chants désespérés sont les chants les plus beaux », disait le poète Alfred de Musset. La géopolitique ne se contente pas d'envahir brutalement le réel de nos vies quotidiennes, elle envahit nos imaginaires, dans un mouvement dialectique irrésistible et sans doute dangereux. La réalité internationale ne devient pas seulement une source d'inspiration pour les scénaristes des séries télévisées. La série elle-même se transforme en source d'inspiration pour les acteurs du monde, dans un mouvement dialectique toujours plus redoutable. Et en source de référence, sinon d'explication, pour des spectateurs toujours plus nombreux.

Les séries ne sont pas seulement devenues une référence obligée des « dîners en ville », où il est désormais indispensable d'étaler ses connaissances sur ce nouveau front de la culture. Elles ne sont pas seulement un sujet de conversation inépuisable pour des passionnés toujours plus nombreux. Au-delà, les séries se sont de fait transformées en sources d'inspiration utiles pour les politiques eux-mêmes, sinon comme le meilleur moyen de faire passer un message à un public toujours plus large. Pourquoi entrer dans le détail d'un argumentaire complexe quand on peut se contenter de saisir par une formule choc l'imaginaire de ceux que l'on veut convaincre ou séduire ?

« Les deux extrémismes que sont l'organisation de l'État islamique et le régime de Téhéran se livrent à un jeu de trône mortel », disait dans son discours devant les deux chambres réunies du Congrès des États-Unis, le 3 mars 2015, le Premier ministre israélien, Benjamin Netanyahou.

Il n'hésitait pas, pour convaincre son auditoire, à faire référence de manière explicite à la série culte *Game of Thrones*.

Les terroristes de Daech ne semblent-ils pas s'inspirer eux-mêmes, dans la mise en scène sanglante de leurs décapitations, des mœurs en vogue au sein du royaume de Westeros ? En se présentant devant la caméra habillés tout de noir, avec leurs victimes revêtues de la tenue orange des prisonniers de Guantanamo, en annonçant comme ils le font l'identité de la prochaine victime expiatoire, c'est-à-dire en exposant le visage du prochain otage à être décapité, ne semblent-ils pas annoncer le prochain épisode de la série ? Nous ne sommes plus dans la téléréalité au sens classique du terme. C'est la fiction qui devient réalité sous les yeux horrifiés du monde. Nous sommes dans la version moderne via Internet de ce qu'étaient hier les exécutions publiques. La Toile s'est simplement substituée à la place de Grève ou à la place de la Concorde – sites des exécutions sous le Paris d'Ancien Régime et le Paris révolutionnaire – comme lieu des sacrifices humains. Avec une différence majeure. Là où il y avait hier au maximum des milliers de personnes pour assister à ce spectacle macabre, il y en a aujourd'hui des millions.

La série devient en elle-même un enjeu de débat politique et émotionnel, comme l'illustre la polémique intervenue autour de *Homeland* en 2015. Des artistes arabes s'étaient vu confier la tâche de dessiner des graffitis pour décorer le setting des studios de cinéma berlinois censés figurer les rues de Bagdad. L'objectif était de rendre le tout plus réaliste et crédible. Le problème est que les artistes, dans leurs « graffitis spontanés », ont choisi de dénoncer la série en écrivant « *Homeland* est raciste » sur les faux murs du setting de l'action. Un parfait jeu de miroirs, sinon un résumé de la thèse de cet essai. La réalité géopolitique s'introduit directement dans la série, alors que la série elle-même ne fait prétendument que s'en inspirer pour la recréer. Où commence et où se termine la fiction, où commence et où se termine la réalité ? Comment respecter les émotions des autres lorsqu'on crée des produits culturels destinés à un public très large ? Comme si la disparition des frontières n'avait fait que renforcer le choc des cultures. Comme si le monde anglo-saxon, à travers le caractère universel de ses produits, devenait toujours plus vulnérable aux accusations de racisme et d'intolérance, face à des cultures toujours plus incertaines d'elles-mêmes, et donc sur la défensive.

Il s'agit là d'un enjeu central, sinon de l'enjeu le plus important aujourd'hui. Comment rendre confiance en elles-mêmes à des cultures en pleine crise identitaire ? Comment offrir à des jeunes sans repères, en quête de racines, d'autorité paternelle, d'estime d'eux-mêmes, de modèles, un récit qui s'oppose avec succès à celui des djihadistes ?

Des séries mélangeant humour appliqué à soi-même et respect de l'autre, bref, à l'exact opposé de Dieudonné, pourraient-elles y contribuer ? Nous reviendrons sur ce thème dans la conclusion de cet essai.

Introduction

« Dites-moi quelle série vous regardez, je vous dirai qui vous êtes. » Au-delà de l'ironie, sinon du snobisme, le genre a atteint depuis longtemps ses lettres de noblesse. Et la première raison de sa popularité tient à sa qualité. Les séries ne sont plus un genre secondaire. Dotées de moyens importants – l'argent va à l'argent –, elles peuvent recruter les meilleurs acteurs, les meilleurs réalisateurs et les meilleurs scénaristes. Les textes sont bien écrits, les histoires finement ciselées. Et, surtout, en s'inscrivant dans le temps long des saisons, les séries permettent non seulement de fouiller les personnages secondaires, mais aussi de créer un lien réel entre les héros et leur public. Les personnages des séries deviennent comme des amis, sinon des parents proches. On se réjouit avec eux, on se désole avec eux et, bien sûr, quand ils disparaissent, victimes de la fantaisie d'un scénariste ou de la volonté d'un acteur de passer à autre chose (souvent à une autre série), on se sentirait presque en deuil, sinon orphelin.

De fait, les séries télévisées sont devenues aujourd'hui des outils incontournables de compréhension des émotions du monde, de la politique intérieure à la géopolitique, de la transformation des mœurs aux progrès de la science, sans parler du sport.

Depuis des années, je cherchais à prolonger la réflexion qui avait été la mienne sur le monde des émotions. Encouragé par mes enfants, avec réticence d'abord, avec curiosité, sinon avec passion ensuite, j'ai pénétré à leur suite dans l'univers des séries. Mais cet essai demeure avant tout un ouvrage de géopolitique qui utilise les séries comme un matériau primaire pour comprendre l'évolution des émotions du monde.

Des séries et des hommes

Quelles séries retenir, et pour quelles raisons ? Quatre critères de sélection se sont imposés à moi.

Le premier critère est celui du succès, et donc de la diffusion. Il existe très certainement des séries de grande qualité qui m'échappent. Mais comment évoquer la notion de culture universelle à partir de séries qui sont soit demeurées confidentielles, soit n'ont pas franchi les frontières de leur territoire ou de leur langue ? *Engrenages* est la seule série française non pas étudiée en tant que telle, mais mentionnée dans cet essai. Distribuée dans plus de vingt pays, y compris la Grande-Bretagne, sous le nom de *Spiral*, *Engrenages* est sans doute, jusqu'à présent, la seule série française, avec *Les Revenants* ou *Un village français*, à jouer dans la cour des grands, ne serait-ce que par sa distribution, son rythme, mais aussi sa thématique, plus sociétale que policière. Ce qui pose bien sûr le problème des séries russes et chinoises, qui touchent un public national très large (surtout pour les secondes) mais n'ont pas vocation à être diffusées dans le monde.

Le deuxième critère de sélection retenu est d'ordre thématique. La série doit s'inscrire dans une réflexion qui concerne directement ou indirectement les questions de géopolitique. Les séries qui viennent de Corée du Sud sont visibles et très populaires en Chine, précisément parce qu'elles ne touchent que des thèmes sentimentaux et n'abordent pas de sujets politiques ou géopolitiques. Il en est de même des séries brésiliennes, qui ont beaucoup de succès sur le continent africain pour les mêmes raisons. Il est néanmoins très intéressant de constater que la Corée du Sud fait rêver la Chine, et le Brésil l'Afrique. S'agit-il d'un sentiment de proximité entre émergents, l'écart entre eux est-il moindre et paraît-il donc rattrapable ? Quoi qu'il en soit, en dépit de leur exotisme certain pour l'Occidental que je suis, ces séries, du genre *soap opera*, n'avaient pas leur place dans cet essai de géopolitique.

La thématique géopolitique est parfois clairement évidente, mais ce n'est pas toujours le cas. Ainsi la série

Downton Abbey n'aborde-t-elle pas directement la politique internationale, mais sa réflexion « à la Tocqueville », sur le passage d'un ordre social à un autre, fait plus que justifier sa présence dans cet essai. C'est également le cas de l'excellente série française *Engrenages*, qui montre que les maux de l'Ancien Régime, c'est-à-dire la société bloquée et les nouveaux problèmes des banlieues, se répondent dans une dialectique négative et autodestructrice. Mais elle n'appartient pas, pas encore peut-être, à la catégorie des séries universelles.

Le troisième critère est d'ordre temporel. La série doit être non seulement récente, mais idéalement en cours de diffusion, au risque pour l'auteur d'être mis en contradiction par les développements des saisons futures.

Le quatrième critère de sélection est celui de la qualité, même s'il est profondément subjectif. Audience et qualité ne vont pas nécessairement de pair. Il y a des petits bijoux méconnus. Mais il arrive assez souvent que qualité et succès s'allient. Les critiques font leur travail et, quand ce n'est pas le cas, le bouche-à-oreille entre passionnés fonctionne.

Le respect de ces critères m'a amené à sélectionner tout particulièrement cinq séries, même s'il sera fait allusion à beaucoup d'autres, comme *The West Wing*, *Borgen*, *Deadwood* ou *Prisonniers de guerre* (*Hatufim*). Les cinq séries retenues, parce qu'elles sacrifient presque à tous les critères, sont : *Game of Thrones*, *Downton Abbey*, *Homeland*, *House of Cards* et *Occu-*

pied. Trois séries américaines, une britannique et une norvégienne, qui n'en est qu'à sa saison 1, mais qui est tout à fait exceptionnelle sur un plan géopolitique. Des séries qui, chacune à sa façon, m'ont conforté dans mon intuition/conviction initiale, qui est que comprendre le monde des séries télévisées, c'est comprendre le monde tout court. À ces cinq séries j'ai ajouté un chapitre sur une série qui n'existe pas mais qui devrait exister, si l'on veut comprendre et agir sur le monde qui vient. Un exercice de futurologie, parallèle à celui qui avait été le mien dans la conclusion de *La Géopolitique de l'émotion*, lorsque j'avais proposé à mes lecteurs deux versions, pessimiste et optimiste, du « Monde en 2025 ».

Je suis bien conscient de la frustration qui pourra être celle de mes lecteurs. Comment faire un travail représentatif si l'on ne cite qu'une dizaine de séries télévisées au plus ? Mais cette parcimonie répond à deux exigences. La première correspond à mes efforts de ne pas sombrer corps et âme et de garder un minimum de raison face à la tentation de s'abandonner à l'univers des séries. La série peut si facilement devenir une drogue. De plus, je pars de l'idée que, dans ce domaine comme dans d'autres, « Moins, c'est plus », espérant ainsi que l'autolimitation dont je fais preuve servira de modèle. Plus sérieusement, très peu de séries satisfont en fait aux critères de sélection géopolitiques que j'ai retenus.

Les séries, miroir et révélateur du monde

Les séries sont devenues tout autant le révélateur des débats qui agitent nos sociétés que le miroir qui nous renvoie à nos craintes et à nos espoirs, beaucoup plus le premier que le second, hélas. Les séries peuvent être une préfiguration de notre avenir tout autant qu'une reconstruction, souvent idéalisée ou au contraire caricaturée de notre passé, reflétant dans les deux cas nos hantises présentes. Il est très éclairant d'écouter ce que dit Julian Fellowes, l'auteur de la série peut-être la plus populaire dans le monde après *Game of Thrones* : *Downton Abbey.* On l'interrogeait récemment sur les raisons de son succès. Pourquoi, de l'Europe aux États-Unis, et au-delà même en Asie, des millions de gens – y compris, je dois l'avouer, l'auteur de ses lignes – se passionnent-ils pour les aventures de la famille Crawley et de ses serviteurs ? Nostalgie d'un passé qui n'existe plus, reconstitué avec le plus grand souci des détails, fascination pour les rapports sociaux qui pouvaient exister au sein d'un château anglais au début du siècle dernier ? Pour Julian Fellowes, dans le monde chaotique qui est le nôtre, il existe comme une nostalgie de l'ordre, et en particulier un besoin inconscient de strictes règles du jeu. C'est ce qu'offre *Downton Abbey* à un public désorienté, sinon désemparé.

La série télévisée comme refuge exotique, dans l'espace – un château anglais – et le temps – de 1912 jusqu'au milieu des années 1920. Sommes-nous, nous aussi, comme les héros de *Downton Abbey*, entre deux mondes, inconscients des changements profonds qui sont sur le point de se produire et avides de refuge face au présent, sans parler du futur ?

De la même manière, le contraste qui peut exister entre la série *The West Wing* (*À la Maison-Blanche*) et *House of Cards* n'est-il pas la meilleure introduction possible au malaise qui existe aux États-Unis face au dysfonctionnement du politique ? *The West Wing* décrit avec nostalgie la présidence telle qu'elle devrait être, sous la direction d'un homme cultivé et humaniste, le président Bartlet. Avec *House of Cards*, on abandonne le monde des idéaux pour entrer dans l'univers à peine exagéré dans sa vision noire, de la politique et de ses lobbies. On a quitté le monde de Corneille pour celui de Racine, le monde tel qu'il devrait être pour celui tel qu'il est.

En France, la série télévisée *Engrenages* ne préparait-elle pas – au moins indirectement – ses spectateurs aux tragédies de janvier, et plus encore de novembre 2015 ? Sa saison 5 en particulier, dans sa noirceur crépusculaire, dans sa description clinique de la dérive des banlieues, répondant au cynisme absolu et à la violence verbale des rapports entre justice et police, avec des dialogues qui pourraient presque sortir de « dîners de pouvoir » parisiens, ne constitue-t-elle pas la meilleure des introductions au malaise de la société française, l'équivalent contemporain de ce que fut le chef-d'œuvre de Jean Renoir, *La Règle du jeu*, pour la France à la veille de la Seconde Guerre mondiale ? Pour qui avait vu le film de Renoir, *L'Étrange Défaite* – pour reprendre le titre du livre de Marc Bloch écrit en 1940 – n'était plus si mystérieuse : elle apparaissait même comme inscrite dans les divisions profondes de la société française. La série *Engrenages* ne peut-elle pas être perçue également comme un ultime avertissement ? Attention, la société française est au bord de l'implosion.

Au Danemark, il est courant d'entendre dire que le problème du pays est que le Premier ministre en exercice – elle a été battue lors des dernières élections législatives de mai 2015 – est loin de posséder les qualités de Birgitte Nyborg, l'héroïne de *Borgen*, un Premier ministre idéalisé de la très populaire série danoise sur une femme au pouvoir.

Mais s'il est une série qui fait l'objet de très sérieux débats au sein des départements de relations internationales dans tout le monde anglo-saxon, c'est bien sûr *Game of Thrones*. Encourage-t-elle une vision réaliste du monde, en mettant l'accent sur le rôle de la force dans ce qu'elle peut avoir de plus brutal ? Ou bien offre-t-elle, au contraire, une réflexion sur les limites de la force ? De fait, *Game of Thrones* mêle – avec de très grands moyens financiers – mythologie antique et évocation du Moyen Âge. La source d'inspiration directe de George R. R. Martin, l'auteur d'*Un chant de glace et de feu* (*A Song of Ice and Fire*), d'où est tirée *Game of Thrones* (*Le Trône de fer* en français), est la guerre des Deux-Roses. Mais son auteur aboutit à une véritable réflexion géopolitique, qui semble refléter, de manière assez fidèle, notre mélange de fascination et de peur à l'égard du système international chaotique qui est le nôtre aujourd'hui.

La domination du monde anglo-saxon

Les séries télévisées ne sont pas le monopole des États-Unis, mais le miroir qu'elles offrent du monde n'est-il pas déformé par la domination incontestable du monde anglo-saxon en la matière ? On serait presque tenté de dire que moins l'Amérique est le gendarme du monde, plus elle doute d'elle-même et de ses capacités à gérer son destin, plus sa culture est dominante à travers ses séries télévisées. Tout se passe comme si, contrairement à ce qu'affirmait hier le professeur de Harvard Joseph Nye, le *soft power* (le pouvoir de convaincre) et le *hard power* (le pouvoir de contraindre) étaient déconnectés ou, pis, allaient dans des directions systématiquement opposées.

Des séries télévisées aussi prestigieuses que *Homeland* ou *House of Cards* reprennent des séries venues d'ailleurs avec souvent les mêmes scénaristes. Au départ de *Homeland*, il y a la série israélienne *Prisonniers de guerre* (*Hatufim*). L'histoire dans les deux cas est la même. Des soldats pris en otage par des groupes terroristes ont-ils été « retournés » contre leur pays ? Convertis à l'islam, sont-ils devenus l'ennemi de l'intérieur ? Alors que le récit israélien se veut une description intimiste de la société, une étude psychologique de l'impact de la guerre sur les rapports entre individus et au sein des couples, la version américaine, avec des moyens plus importants il est vrai, devient une série d'espionnage, beaucoup plus spectaculaire, mais aussi beaucoup moins profonde. *House of Cards* est à l'origine une série britannique du début des années 1990, fondée sur le complot au sein du Parti conservateur qui va mener à la chute de la Dame de fer, Margaret Thatcher. Son ressort est la vengeance. On n'avait jamais décrit avec autant de brutalité, sinon de violence, les mœurs politiques britanniques. Le dialogue, dans son élégance, est presque shakespearien. Quinze ans plus tard, la série américaine, éponyme, garde les mêmes scénaristes et les mêmes ressorts. Mais, transposée à Washington, au cœur du pouvoir mondial, l'histoire devient autre. Ce qui n'était à l'origine qu'une critique au vitriol des élites politiques britanniques devient une réflexion universelle sur la crise de la démocratie dans le monde occidental.

D'où vient cette capacité des États-Unis de transformer une histoire, empruntée à telle ou telle culture, dans les cas d'espèce israélienne ou britannique, et de lui conférer un sens et une dimension universels ?

Le point de départ de toute tentative d'explication tient sans doute à la familiarité d'une culture qui, à travers le cinéma puis la télévision, nous a progressivement envahis. Spontanément, la majorité des citoyens français perçoivent la justice à travers la représentation qu'en donnent les séries américaines. Confrontés à un juge pour la première fois de leur vie, ne sont-ils pas tentés de s'adresser à lui avec la formule « Votre Honneur » plutôt que « Monsieur le juge » ? Cet envahissement culturel est d'autant plus efficace que la culture américaine se veut universelle. Le message de Hollywood, « Vous en rêvez, vous pouvez le faire », mélange d'individualisme et de volontarisme, fait désormais partie de nous. Des séries britanniques et plus encore israéliennes sont perçues comme trop exotiques, dans leur décor, sinon dans leurs paysages, pour atteindre à l'universel. L'Amérique, c'est nous, la Grande-Bretagne ou Israël, c'est eux. Une réalité émotionnelle qui n'a fait que s'accroître avec la mondialisation.

Mais cette domination culturelle peut de fait se retourner contre l'Amérique, compte tenu du message souvent négatif que véhiculent désormais les séries américaines, et plus encore de la manière dont ce message est perçu par les compétiteurs et les rivaux de l'Amérique.

Ainsi la série *House of Cards* est-elle très populaire en Chine, auprès des élites politiques en tout cas. Sur un plan purement quantitatif, *Game of Thrones* est seul, et de très loin, dans sa catégorie.

Un de mes amis chinois me disait récemment, avec un sourire narquois et provocateur : « Les dirigeants de mon pays adorent la série *House of Cards*. Elle les renforce dans leur conviction qu'il n'y a guère de différence au fond entre le système politique américain et le système chinois. La lutte pour le pouvoir est la même partout. Au moins les Chinois, eux, ne font pas preuve d'hypocrisie. » Nombre de dirigeants chinois au sommet de la hiérarchie du pouvoir n'ignorent rien des péripéties et enchaînements des épisodes de *House of Cards* et cachent leur intérêt « professionnel » derrière leur quête de divertissement. (À moins que ce ne soit l'inverse.) Il n'est pas difficile de les convaincre, pour reprendre la formule du héros de la série Frank Underwood, incarné par Kevin Spacey, que « la démocratie est très surfaite » (*seriously overrated*).

Bref, les « saisons » sont devenues une des clés de lecture de la géopolitique à l'heure de la mondialisation.

Mais il s'agit d'une clé très particulière, une clé qui ne se contente pas d'être un miroir de la réalité. L'objectif des séries au départ était sans doute avant tout de nous divertir, de nous faire quitter la grisaille de notre monde pour nous permettre de nous identifier aux aventures de héros merveilleux, ou en tout cas exceptionnels, des héros qui allaient souvent devenir une version idéalisée de nous-mêmes.

Pourrait-on dire que tout a changé au lendemain du 11 septembre 2001 ? Ce qui s'est effondré avec les tours de Manhattan, c'est notre optimisme, notre croyance en l'avenir. Le discours est devenu plus sombre, les héros plus noirs. Ce que véhiculent les séries qui traitent plus ou moins directement de géopolitique, c'est pour l'essentiel une culture de peur et désormais un discours à l'opposé de celui des Lumières. Ce n'est pas le Bien qui triomphe à la fin, comme c'était le cas au lendemain de la Seconde Guerre mondiale, ce peut tout aussi bien être le Mal. Hitler avait été vaincu et Churchill vainqueur. Désormais, au manichéisme entre le Bien et le Mal succèdent le relativisme, le cynisme, sinon l'hyperréalisme, pour plagier la formule d'Hubert Védrine sur l'hyperpuissance américaine. *Game of Thrones*, n'est-ce pas « Hobbes au royaume des Dragons » ?

Le 11 septembre n'a-t-il pas eu sur l'imaginaire des scénaristes américains l'impact qu'avait représenté la guerre civile anglaise dans les écrits de Hobbes dans la deuxième moitié du XVIIe siècle ? Mais, à l'époque, la décapitation de Charles Ier Stuart avait précédé les propos de celui pour lequel « l'homme est un loup pour l'homme ».

Un grand hebdomadaire français comme *Paris Match* a construit sa réputation et son succès sur une formule simple : « Le poids des mots, le choc des photos ». Dans cet essai sur l'impact de la politique internationale sur les séries et, vice versa, des séries télévisées sur la politique internationale, j'ai cherché à concilier deux de mes passions : celle pour la géopolitique et celle pour l'image, à dire vrai toutes les formes de l'image, de la peinture au film, jusqu'à la série. Au début de ma carrière d'universitaire, je voulais écrire sur le cinéma et les relations internationales, comme l'a fait avec talent l'historien Marc Ferro. Je n'ai jamais réalisé cette ambition, en tout cas pas directement. Mais, dans mon enseignement des relations internationales au Collège d'Europe au campus de Natolin (Varsovie) d'abord, à l'université Harvard ensuite, j'ai pendant près de dix ans associé outils visuels, comme films et séries, et enseignement de géopolitique. Une expérience en particulier s'est inscrite dans ma mémoire. C'était au Collège d'Europe au début des années 2000, au lendemain de la guerre dans les Balkans. J'avais des étudiants qui provenaient de toutes les parties de ce que l'on appelait encore jusqu'au début des années 1990 la Yougoslavie. Je ne pouvais faire l'impasse sur les événements tragiques que tous mes étudiants avaient vécus de manière plus ou moins personnelle. Certains avaient perdu des membres de leur famille, ou des amis proches. D'autres avaient assisté à des scènes de guerre terribles. Comment pouvais-je traiter ces événements, en quelque sorte, presque à chaud ?

Il m'a semblé qu'un jeu de rôle pouvait s'imposer pour entrer dans cette thématique. Ainsi allais-je demander à un étudiant serbe de présenter le point de vue croate, à un étudiant croate le point de vue serbe, et ainsi de suite, pour les Slovènes, les Bosniaques, les Kosovars, les Monténégrins. (J'utilisai la même méthode pour introduire le conflit israélo-palestinien, quelques semaines plus tard.) Pour préparer « émotionnellement » les étudiants à un tel exercice, je choisissais de leur montrer la veille de mon cours, dans le bel amphithéâtre du Collège d'Europe, une minisérie de la BBC réalisée en 1999, intitulée *Warriors* (*Guerriers*), ou « l'Impossible Mission », consacrée au rôle des forces des Nations unies dans le conflit en Bosnie-Herzégovine en 1992. Le message de cette fiction établie sur des faits réels était fort et poignant – que peuvent faire des hommes sans missions clairement définies, sans armes adéquates, sans chaîne de commandement lisible pour protéger des civils et séparer des combattants ? La durée du spectacle était longue, plus de trois heures. Lorsque les lumières de l'amphithéâtre se rallumèrent, il était plus de minuit. Les étudiants étaient tétanisés, certains en larmes. L'expérience à laquelle je m'étais livré avait-elle trop bien réussi ? Avais-je été trop loin dans cette préparation (émotionnelle) – certains parleraient de mise en condition de mes étudiants ? Je fis ouvrir le bar du Collège. Les bières circulèrent, les langues se délièrent. Un début d'échange s'amorça. Les étudiants étaient prêts pour le jeu de rôle du lendemain, puis pour le cours sur la guerre dans les Balkans qui eut lieu à sa suite dans l'après-midi.

Les images d'un film ou d'une série peuvent préparer, bien plus qu'un livre ou un article, les esprits à la compréhension du monde. Elles rendent concret, en donnant à voir. Bien sûr – je ne suis pas naïf – ces images peuvent aussi, à l'inverse, contribuer à la désinformation pure et simple, au déni de réalité, lorsqu'elles s'inscrivent dans une action délibérée de propagande, comme c'est le cas dans les régimes autoritaires. Les images peuvent, plus simplement, nourrir les peurs, attiser les préjugés, sinon encourager les perversions les plus grandes, jusqu'au passage à l'acte, en faisant perdre de vue les barrières entre la fiction et la réalité, comme l'illustrent régulièrement de manière tragique des faits divers monstrueux.

Dans cet essai sur la géopolitique de l'image à travers les séries télévisées, mon interrogation demeure la mondialisation, mais abordée à partir d'un angle de vue très particulier, celui des séries.

La géopolitique de l'émotion m'a ainsi conduit à la géopolitique des saisons.

I

Le temps des séries

Le 11 septembre 2001 a constitué un tournant émotionnel, sinon stratégique, dans l'histoire récente des États-Unis et du monde. Sur le plan des émotions, il y a un avant et un après-« *Nine Eleven* ». Jamais l'Amérique ne s'était sentie si forte. Jamais elle ne s'est réveillée si vulnérable.

L'URSS, victime de ses contradictions internes, s'était effondrée sur elle-même dix ans plus tôt. La Chine était encore loin d'être devenue ce qu'elle est aujourd'hui. Les États-Unis pouvaient sembler au sommet de leur puissance. De fait, dans leur catégorie de puissance multidimensionnelle (militaire, politique, économique, culturelle), ils étaient clairement seuls. La crise financière et économique qui éclata en 2007 était à venir.

Du jour au lendemain, confrontée à l'hyperterrorisme, l'hyperpuissance découvrait sa vulnérabilité. Certes, il y avait eu d'autres attaques contre les intérêts américains, avant le 11 septembre 2001, sur le continent africain et au Moyen-Orient, en Amérique même, avec la tentative d'attentats ratés contre les tours de Wall Street dès 1993. Mais, cette fois-ci, contrairement à l'attaque japonaise sur Pearl Harbor en 1941, l'Amérique était visée avec succès en son cœur.

La politique internationale s'introduisait avec force et brutalité, et de manière spectaculaire, dans le quotidien des Américains. Ils pouvaient tous dire, comme le faisait mon professeur, collègue et ami qui nous a quittés récemment, Stanley Hoffmann, évoquant sa jeunesse difficile de petit enfant juif dans la France occupée de Vichy : « Ce n'est pas moi qui suis venu aux relations internationales, ce sont les relations internationales qui sont venues à moi. » L'international n'envahissait pas seulement les salles à manger de l'Amérique, comme avaient pu le faire à travers les journaux télévisés les images de la guerre du Vietnam. Ce n'était plus l'Amérique qui, par un mélange d'arrogance, de bons sentiments et d'intérêts, intervenait dans les affaires d'autrui, dans le meilleur des cas pour les sauver – comme en Europe de 1917 à 1918 ou de 1941 à 1945 – et dans le pire pour laisser le chaos derrière elle, comme en Irak en 2003, sans parler de l'Afghanistan ou de la Libye plus près de nous encore. Cette fois-ci, c'était l'inverse qui se produisait. Ne pouvant renverser les régimes autoritaires d'où ils venaient, les kamikazes du 11 Septembre, qu'ils soient saoudiens ou égyptiens, entendaient punir, comme ils le disaient eux-mêmes, « les protecteurs de leurs oppresseurs ».

Certes, la politique internationale n'avait pas attendu le 11 septembre 2001 pour faire l'objet d'un traitement dans le monde des séries. Les questions de géopolitique avaient déjà été abordées. La série *The West Wing* (*À la Maison-Blanche*) commençait en 1999. La guerre froide avait déjà aussi fait l'objet de traitements sous la forme de séries telles que *Mission : impossible*. Mais, après le 11 Septembre, la thématique internationale devenait incontournable. L'Amérique pouvait bien se sentir, psychologiquement au moins, comme une île-continent, loin du bruit et de la fureur du monde, qui portait son intérêt sur les autres, par un mélange de principes universels et de générosité éclairée. C'étaient les autres, cette fois-ci, qui s'intéressaient à elle, et ce de la manière la plus brutale et la plus tragique.

Les séries allaient intégrer cette inquiétude nouvelle, cette angoisse même, de manière directe par leurs thématiques, et indirecte par le mode plus grave, le ton plus sombre de nombre de séries qui, de *Breaking Bad* à *Walking Dead*, n'ont que très peu à voir avec la géopolitique, mais reflètent ce climat nouveau. Comment faire preuve de légèreté, d'optimisme sinon de triomphalisme après le 11 Septembre, comment garder un regard positif sur le monde ? Comment ne pas céder à la tentation de mettre en avant des héros qui soient en concordance avec les temps nouveaux : des héros « noirs », sinon intrinsèquement mauvais ?

Le 11 Septembre apparaît avec le recul du temps comme un tournant majeur mais contradictoire. Jamais l'Amérique n'est certes apparue plus vulnérable, mais jamais non plus son *soft power* n'a semblé plus grand, comme s'il existait une relation inversement proportionnelle entre la force d'un pays et la séduction de sa culture. Vienne ne brille-t-elle pas de ses feux les plus beaux au début du XXe siècle, alors même que l'Empire austro-hongrois est à la veille de son effondrement ? Washington 2015 n'est pas Vienne 1905, mais il y flotte comme un parfum de décadence, une angoisse existentielle que vont refléter, sinon traduire, les séries.

Les séries sont l'illustration la plus parfaite de cette dichotomie grandissante qui s'installe aux États-Unis entre *hard* et *soft power*. L'Amérique, de par sa capacité à captiver l'imaginaire du monde, regagnerait-elle sur le terrain des esprits ce qu'elle perd sur le terrain tout court ? Elle aurait même le génie à travers ses séries de transformer ses défaites, ou tout le moins ses échecs en victoires. Ses aventures militaires douteuses en Afghanistan et en Irak deviennent les sujets de séries puissantes comme *Homeland*, qui fascinent une audience mondiale et semblent porteuses d'un message universel. Un message ambigu, comme, nous le verrons plus tard, dans notre analyse de la saison 4 de *Homeland* en particulier.

Avant d'entrer dans le vif du sujet, il est nécessaire d'effectuer un bref retour dans le temps, avant le 11 septembre 2001, mais plus encore avant que les séries ne soient devenues ce qu'elles sont aujourd'hui : un élément incontournable de la culture universelle contemporaine.

L'impact des séries au temps du tiers-monde et de la guerre froide ou la préhistoire des saisons

Comme il est loin de nous, le temps de *Dallas* et d'*Inspecteur Derrick*, deux séries qui, chacune à sa manière, ont eu une influence géopolitique significative dans les années 1980-1990.

Première série à succès à accompagner l'entrée dans l'univers de la mondialisation, *Dallas* fascinait les téléspectateurs de ce que l'on appelait encore le tiers-monde, non pas tant par les rebondissements, somme toute répétitifs, de son intrigue, ni même par la modernité de son héros principal, JR, précurseur des « méchants presque sympathiques » des séries contemporaines comme *The Sopranos* ou *House of Cards*. Ce qui fascinait un public captif, c'était bien davantage le cadre de vie, l'étalement de la richesse, des voitures aux maisons. Certains économistes comme Daniel Cohen ne vont-ils pas jusqu'à dire que ce type de séries a contribué à la baisse de la natalité dans les pays en voie de développement ? Non pas seulement parce qu'elles fournissaient une alternative à l'activité qui peut être, elle aussi, répétitive de reproduction sexuelle, mais aussi parce qu'elles présentaient une ouverture sur un univers encore exotique. L'individualisme occidental, avec l'étalement de ses conditions de vie luxueuses ou tout simplement très confortables contenait un message subliminal pour les pays du tiers-monde. « Si vous voulez vivre mieux, sinon comme nous, n'ayez pas trop d'enfants ! »

Pour la première, et sans doute la dernière fois, le Texas de JR apparaissait aux yeux de tous comme un résumé du monde occidental. Le médium devenait le message : « Alors, c'est bien ainsi qu'on vit en Amérique, en Occident donc ? » Cela valait la peine de devenir capitaliste et d'avoir des familles réduites en nombre.

Sur ce même plan, « matériel », mais avec des conséquences bien différentes cette fois-ci, les aventures de la série allemande *Inspecteur Derrick* étaient suivies avec passion, quand cela était possible, c'est-à-dire dans les dernières années du régime de Pankow, des deux côtés du rideau de fer. Là encore, les Allemands de l'Est n'étaient pas tant passionnés par le contenu de l'intrigue policière – qui est l'assassin ? – que par la description du cadre de vie. Plus que la quête du coupable, ce qui fascinait les citoyens de la République démocratique allemande, c'était le style de vie qui pouvait exister « à l'Ouest ». N'était-ce pas la preuve, apportée épisode après épisode, semaine après semaine, que le régime est-allemand leur mentait ? Il était évident pour les téléspectateurs du « mauvais côté du mur » que l'on vivait mieux à Munich, et plus globalement en Bavière, et plus généralement encore à l'Ouest, qu'à l'est de l'Allemagne. La voiture Trabant peut paraître romantique après coup, mais entre elle et une Mercedes, aucune hésitation n'était possible. L'inspecteur Derrick n'a pas renversé le « mur de Berlin », mais il a préparé sa chute, peut-être même y a contribué, en érodant les fondements du discours de la RDA. Plus tragiquement, la catastrophe nucléaire de Tchernobyl, en 1986, a accéléré l'effondrement de l'URSS en démontrant aux citoyens soviétiques que le régime leur mentait. La radioactivité à Moscou était beaucoup plus forte que le Kremlin ne voulait l'admettre. La série *Derrick*, de manière infiniment homéopathique, n'a-t-elle pas eu le même effet, en confrontant le régime à ses mensonges ? Et cela avec plus d'efficacité encore que la Tour construite par le groupe de presse Axel Springer au pied du mur de Berlin, qui, par son mélange agressif de modernité et de lumière, narguait quotidiennement la grisaille de l'Est berlinois.

Il est temps désormais de passer de la préhistoire à l'histoire et d'analyser la spécificité des séries actuelles par rapport aux autres produits culturels.

Les années 2000, ou le triomphe du temps des séries

Avec le recul du temps, la référence à ces deux séries que sont *Dallas* ou *Inspecteur Derrick* apparaît presque anachronique. En les décrivant, on ne parle pas du même produit culturel que les séries d'aujourd'hui. En effet, le temps des séries de qualité (à de très rares exceptions près, comme *Twin Peaks*, de David Lynch, un précurseur en la matière) ne commence pleinement qu'à la fin des années 1990, avec des chefs-d'œuvre du genre comme *The Sopranos* ou *The West Wing* (*À la Maison-Blanche*). Il y a à cette révolution qualitative de nombreuses causes. Avec le canal privé HBO, la série acquiert ses lettres de noblesse, elle gagne aussi une forme de liberté qui aurait été impensable ailleurs. George R. R. Martin, l'auteur de *Game of Thrones*, le reconnaît dans un long entretien publié par le magazine *Lire* à l'occasion de la sortie de la saison 5 de sa série. Sans HBO, *A Song of Ice and Fire* n'aurait jamais été transposé à l'écran. La dimension du film classique était trop courte pour rendre compte de la richesse de l'intrigue et faire justice à des personnages qui du coup ne sont plus secondaires. Plus encore, sans la liberté d'une chaîne privée comme HBO, les scènes de violence et de sexe, indispensables pour rendre le climat de transgression et l'esprit noir permanent du livre, auraient été impossibles à tourner.

De plus, techniquement parlant, avec la révolution de l'éclairage, du cadrage, du montage, les séries basculent dans un autre univers. Les frontières qui existaient hier entre elles et le cinéma disparaissent progressivement. Les séries cessent d'être le parent pauvre du genre noble qu'est le cinéma. Dès 2001, le MOMA, le Musée d'art moderne de New York, consacrait une rétrospective aux saisons 1 et 2 des *Sopranos*.

De plus, des réalisateurs de cinéma comme David Lynch, déjà cité, ou Agnieszka Holland, auteure de très beaux films comme *Europa Europa* ou *Le Jardin secret*, se mettent à contribuer par leurs talents aux séries. Ils y voient un intérêt économique, mais surtout ils ont intégré la « révolution copernicienne » qui est en train de s'accomplir sous leurs yeux, avec la transformation radicale du statut des séries. Des acteurs de cinéma célèbres, comme Maggie Smith ou Charlotte Rampling, vont les suivre sur cette voie.

Ce qui est essentiel pour la thématique qui est la nôtre, la géopolitique des saisons, c'est la coïncidence, dans le temps, entre ces deux phénomènes. La montée en puissance et en qualité des séries survient au moment précis où le 11 Septembre transforme le rapport de l'Amérique au monde, sinon à elle-même. Les séries vont de manière directe (*The West Wing*, *24 heures chrono*, *Homeland*, par exemple) intégrer l'événement ou refléter son impact sur la société. Ainsi, *The Americans* (*Les Américains*) nous ramène au temps de la guerre froide et traite de la question des espions dormants, qui sont devenus plus américains que les

Américains, mais qui sont toujours prêts à être « activés » pour servir leur vrai pays, l'URSS.

Puisque le monde extérieur s'intéresse à eux de la façon la plus négative, en voulant les détruire, l'Amérique va s'intéresser au monde, de manière souvent paranoïaque, à travers la théorie des complots. Qui nous en veut, d'où vient la menace : des zombies (*The Walking Dead*), des catastrophes qui sont moins naturelles qu'il n'y paraît ?

Mais l'Amérique va, une fois encore, démontrer son exceptionnelle capacité à intégrer les événements, si tragiques soient-ils, pour se remettre en cause elle-même quasi immédiatement. Un des thèmes que l'on va retrouver, série après série, est celui de l'équilibre à construire entre le respect de la loi et la protection de la vie des citoyens. De *The West Wing* à *Game of Thrones* en passant par *Homeland*, il s'agit d'une question récurrente, obsessionnelle même. Peut-on assassiner le chef d'un État étranger, membre des Nations unies, même s'il s'agit en l'espèce d'un État terroriste, qui planifie des attentats sur le territoire américain ? C'est un des dilemmes moraux auxquels doit faire face le président Bartlet dans *The West Wing*. Peut-on utiliser des drones pour liquider un chef rebelle, au risque de commettre des « dommages collatéraux » sans doute inacceptables politiquement et éthiquement ? C'est une question qui revient à plusieurs reprises dans *Homeland*. Qu'est-ce que la Justice ? Pèse-t-elle de quelque poids face à la Raison d'État ? Même dans le monde des ténèbres et de la terreur qu'est celui de *Game of Thrones*, c'est une interrogation qui obsède les protagonistes. Au nom d'une certaine idée de la justice, le « Roi du Nord » exécutera lui-même un de ses alliés potentiels précieux, coupable d'avoir exercé sa vengeance sur deux adolescents innocents.

Se confronter à des thématiques qui, c'est le moins que l'on puisse dire, ne la grandissent pas nécessairement, c'est une des forces de l'Amérique. Au cinéma, ce fut *Voyage au bout de l'enfer* (*The Deer Hunter*), qui, dès 1973, abordait à bras-le-corps la guerre du Vietnam, sans la moindre complaisance. Plus récemment, ce fut en 2014 *American Sniper*, qui conte avec une ambiguïté voulue, semble-t-il, les exploits d'un tireur hors pair au sein d'un régiment d'élite, les SEALs, lors de la dernière guerre en Irak.

Dans les séries, l'autocritique va plus loin encore et semble ne connaître aucune limite. Ainsi la série *Deadwood* revisite-t-elle le western et s'attache-t-elle à en détruire systématiquement tous les mythes. Ce n'est plus le bon shérif, la prostituée au grand cœur, la lutte entre le bien et le mal qui à la fin, de manière incontournable, voit le bien triompher. Dans *Deadwood*, les personnages, sans exception, sont des variations de gris, du gris le plus noir au gris un peu plus clair. La série *House of Cards*, elle, donne une vision noire et presque caricaturale de la politique américaine et en fait un mélange, plus ou moins réussi, de bas Empire romain en pleine décadence, des *Borgia*, et, dans le rapport entre le héros principal Frank Underwood et son épouse, une synthèse originale entre *Macbeth* et *Les Liaisons dangereuses.*

Mais cette autocritique fonctionne efficacement et on peut penser que l'Amérique sortira peut-être renforcée de cet exercice sans limites de dénigrement de soi. En effet, au-delà de l'intrigue de ces séries, ce qui retient l'attention du public mondialisé, qui regarde fasciné l'étalage de toutes ces turpitudes, c'est la capacité de la première puissance mondiale à parler d'elle-même sans le moindre tabou. Ne pourrait-on aller, renversant la formule classique, jusqu'à dire qu'il s'agit, comparativement bien sûr, d'un hommage de la vertu au vice ? Il est vrai qu'au même moment les séries télévisées russes, empreintes d'hypernationalisme, se livrent à un exercice d'autoglorification, en rendant un hommage appuyé et sans nuances à la grandeur de l'Armée rouge pendant la Seconde Guerre mondiale ou au courage des services de sécurité de la nation dans leur lutte contre les terroristes et autres criminels, qu'ils soient ou non tchétchènes. Quant aux séries chinoises, pour peu que je puisse en juger – j'en ai vu deux par hasard, et sans le moindre sous-titre, lors d'un de mes derniers séjours en Corée du Sud –, elles mettent l'accent sur la grandeur historique de l'Empire de Chine, avec un esthétisme syncrétique qui semble emprunter son inspiration autant à Hollywood qu'à Bollywood, aux États-Unis qu'à l'Inde, sans oublier la tradition des films de kung-fu de Hong-Kong, ou l'esthétisme chinois ancestral. Bref, un vrai « melting-pot » visuel, si loin de la réalité présente pour le spectateur occidental.

L'Amérique, elle, à travers ses séries, expose ses faiblesses au monde alors que la Russie et la Chine les cachent à leurs citoyens. La nation démocratique renforce ainsi son *soft power* au moment où les régimes autoritaires peinent à définir le leur.

Une des raisons de cette différence structurelle tient aussi au véritable fossé qui peut exister en termes de qualité entre les séries américaines et anglo-saxonnes (il ne faut pas oublier la Grande-Bretagne) et toutes les autres, à de rares et significatives exceptions près, comme les pays scandinaves, Israël, l'Australie, la Pologne et, ne nous oublions pas, la France.

De la sacralisation par l'image à la désacralisation par les séries

Jusqu'à une période très récente, l'art à travers l'image ou la musique tendait à la sacralisation des dieux, de Dieu, ou, plus récemment, avec l'essor des nationalismes, des hommes. Empruntant à l'art religieux, la peinture d'histoire, avec la montée des nationalismes européens aux XVIIe, XVIIIe et XIXe siècles, célèbre ses héros vivants ou morts. Sommet de cette sacralisation par l'image, les tableaux de Jacques-Louis David en France, comme *Le Sacre de l'Empereur* Napoléon Ier à Notre-Dame, ceux de Benjamin West, comme *La Mort du général Wolfe* en Grande-Bretagne, ou les peintures d'Adolph von Menzel en Allemagne, comme *Le Couronnement de l'empereur Guillaume Ier* dans la galerie des Glaces de Versailles.

À l'inverse, plus proches en ce sens des caricatures de James Gillray, William Hogarth ou Honoré Daumier, les séries contemporaines s'inscrivent dans un exercice grandissant et délibéré de désacralisation du pouvoir, d'autant plus redoutable qu'il se produit à l'heure où ces séries connaissent une véritable révolution qualitative. On disait hier sur le plan économique que, lorsque General Motors toussait, le monde prenait froid. On serait presque tenté de dire aujourd'hui, en regardant l'évolution des séries américaines et leur impact sur les émotions de la « Planète Série », que, lorsque l'Amérique prend peur, le monde tremble.

Le berceau, mais plus encore le centre de gravité de la culture de peur qui étend son ombre sur le monde, ne se situe-t-il pas précisément dans le continent censé être celui de l'espoir et de l'optimisme, l'Amérique ? Et ce au moment même où l'Amérique a élu – symbole que tout est possible aux États-Unis – un président noir ?

Au lendemain de la Seconde Guerre mondiale, l'Amérique triomphante célébrait à travers la mode du western le rapport conquérant de l'homme à la nature et aux « indigènes », les Indiens d'Amérique, dans des espaces infinis, offrant toutes les opportunités possibles aux individus courageux, durs au labeur et prêts à affronter tous les dangers.

Véritable révolution copernicienne aujourd'hui, cette Amérique conquérante, optimiste, morale – les bons l'emportaient toujours à la fin sur les méchants (sauf dans les westerns spaghetti de Sergio Leone ou dans des westerns atypiques tels que *The Wild Bunch* (*La Horde sauvage*), de Sam Peckinpah – a cédé la place à une Amérique inquiète de son identité et de son avenir. Une Amérique obsédée par le thème de son déclin. L'idéalisme d'hier a cédé la place au cynisme d'aujourd'hui et au triomphe des « méchants sur les bons ».

La série n'est plus ce qu'elle était, ou l'apport décisif des scénaristes

Une des raisons particulières, sinon la raison principale de nos jours, du succès phénoménal des séries, avant tout américaines, est l'exceptionnelle qualité de ses scénaristes. Des auteurs comme Aaron Sorkin (*The West Wing*), Matthew Weiner (*Mad Men*), sans parler de George R. R. Martin (*Game of Thrones*) sont tout simplement de grands écrivains qui savent tirer le maximum du genre dans lequel ils sont passés maîtres. Ils réussissent à créer des personnages et à raconter des histoires pleines de rebondissements, qui s'inscrivent dans la durée, sans faiblir et sans être à court d'inspiration. Ce qui fait la force unique de la série – tout comme c'était le cas du feuilleton hier –, c'est l'attente que l'on réussit à créer, pour les téléspectateurs dans le premier cas, pour les lecteurs dans le second. Il faut bien comprendre que la clé du succès dans les deux cas est un rapport particulier au temps. Ainsi si, dans un film, on découvre des personnages, dans les séries on les fréquente en ayant le temps de le faire.

Si l'on pense que l'art en général est un rapport au temps, comme l'écrit avec profondeur et talent un de mes amis peintres, Bruno Dufour-Coppolani, alors on peut distinguer le temps arrêté de la photographie ou le temps suspendu de la peinture de Vermeer, par exemple.

Le temps de la série, lui, se rapproche plus de celui de la littérature que de celui du cinéma. En 155 épisodes (série exceptionnellement longue) – comme cela est le cas de *The West Wing* –, le téléspectateur entre dans l'intimité de plusieurs personnages et peut ainsi créer un phénomène d'identification collective, qui va au-delà de l'attachement à un seul héros. Un peu comme au théâtre on s'attache au destin d'une troupe, dans une série on suit l'évolution de multiples héros ou sous-héros. Mais plus personne n'est secondaire. Avec une moyenne de 12 épisodes par saison, la série devient presque du « temps réel ». L'attente du prochain épisode – sauf pour ceux qui regardent les séries en DVD ou en streaming – est le ressort du succès de la série. Cette délicieuse attente serait presque l'équivalent de ce que sont les prémices de l'acte amoureux pour les amants. Comme dans la vie, les personnages de la série télévisée ont en quelque sorte « le temps du temps ». Même les personnages secondaires ont le temps de s'épaissir, de déployer toute leur virtualité, leur complexité. Comme dans la vraie vie, plusieurs histoires s'enchevêtrent, se succèdent, se superposent. On fait la connaissance de personnages que l'on oublie puis que l'on retrouve, comme on le ferait de vieux amis. Et, avec le temps, le monde réel s'insinue dans le monde de la fiction. Tout se passe comme si deux réalités, la vraie et la fausse, finissaient par se superposer et ne faire plus qu'une. Dans *Mad Men*, série à succès sur les publicitaires de Madison Avenue à New York, les événements réels – de l'assassinat de JFK jusqu'au début de la guerre du Vietnam –, c'est-à-dire l'Histoire avec un grand H, rythment les aventures des publicitaires au cours des années 1960. De la même manière, le 11 Septembre transforme la nature de *The West Wing* sans modifier le message profondément humaniste et positif de la série. Dans *Game of Thrones*, la sidération recherchée du téléspectateur, la transgression voulue de tous les tabous ne font que ramener à la noirceur du monde réel. George R. R. Martin, son auteur, l'a imaginé à travers un roman à succès d'abord, à travers les saisons nouvelles ensuite. Mais ce que « montre » la série, Daech le fait pour de bon, « en vrai ».

Et la multiplication des intrigues fait que, à la fin, tout comme dans le monde réel aujourd'hui, on ne comprend plus rien de ce qui se passe. La fiction, tout comme la réalité, est simplement devenue trop compliquée. Les retournements d'alliances et de situations ne paraissent plus comme de simples extravagances sorties de l'imagination trop fertile de scénaristes en mal de sensations fortes mais comme la transcription presque atténuée de la confusion du monde.

C'est ainsi que les séries télévisées à succès composent et reflètent tout à la fois un état du monde contemporain. Qu'y retrouve-t-on en effet ?

Avant de les traiter individuellement, une courte introduction semble nécessaire.

« *Très court traité de géopolitique* » *à l'usage des amateurs de séries télévisées*

Le terme de géopolitique est revenu à la mode, après que son détournement par des régimes totalitaires comme l'Allemagne nazie avait presque rendu tabou son usage. Pendant des décennies on a parlé de politique étrangère, puis de relations internationales. Mais, parce que les diplomates n'en sont plus les seuls protagonistes, parce que les États n'en sont plus les seuls acteurs, le terme de géopolitique s'impose par commodité pour décrire « l'ensemble des observations et des raisonnements stratégiques, géographiques et historiques qui permettent de mieux comprendre les conflits », pour reprendre la formule du géographe Yves Lacoste.

Des séries comme *Game of Thrones* et *House of Cards* fondent leur récit sur l'école dite réaliste des relations internationales dont les précurseurs furent Nicolas Machiavel, auteur du *Prince* publié en 1532, et Thomas Hobbes, qui écrivit le *Léviathan* en 1651. Pour ces deux auteurs, les hommes sont fondamentalement motivés par leurs intérêts personnels, et avant tout par leurs appétits de pouvoir. Selon Machiavel et Hobbes, le souverain qui règne sur son État peut seul garantir la paix, car il est le seul à pouvoir l'imposer. Dans un monde qui se trouve naturellement dans un état d'anarchie, le Prince se doit d'accumuler le plus de pouvoir possible pour défendre et poursuivre l'intérêt national. La richesse est le moyen indispensable pour garantir la puissance militaire.

L'approche réaliste des relations internationales est basée sur une vision pessimiste de la nature humaine. Dans ce contexte, « faire confiance » à des systèmes fondés sur le droit international, ou à des intégrations régionales, ou plus encore à toute forme de gouvernance du monde à travers des organisations mondiales comme les institutions dépendant du système des Nations unies, n'a guère de sens. C'est bon pour les rêveurs, pas pour les acteurs qui luttent pour le pouvoir au sein du royaume de Westeros.

Il existe certes une autre école des relations internationales, qui met l'accent sur l'interdépendance, insiste sur le rôle des acteurs non étatiques, comme les sociétés multinationales ou les organisations transnationales. Selon cette école de pensée, la puissance militaire ne serait plus ce qu'elle était, elle serait presque dépassée et anachronique. Basée le plus souvent sur une vision plus positive de la nature humaine, cette école de pensée libérale ne semble pas avoir retenu l'attention des scénaristes de séries télévisées. « Trop optimiste », pourrait-on dire en plagiant cette publicité pour une grande marque automobile, qui ne date pas d'hier : « Pas assez cher. »

Dans les séries à thématique géopolitique, l'acteur clé demeure l'État-nation, tel qu'il émerge triomphant de la paix de Westphalie mettant fin à la guerre de Trente Ans en 1648. Un État qui contrôle un territoire aux frontières bien définies, une population permanente et un gouvernement capable de conduire des relations internationales avec les autres États. Cela présuppose bien sûr que cet État ait le monopole du contrôle des forces armées à l'intérieur de ses frontières. Un des problèmes majeurs est que les termes d'État et de nation ne se recouvrent pas. Combien de minorités ethniques sont-elles dirigées par des États qu'elles n'ont jamais choisi de rejoindre ? Il suffit de penser aux Kurdes au Moyen-Orient. L'hostilité qui peut exister entre nations et États est une des clés des relations internationales modernes. Cela se traduit par l'existence de mouvements séparatistes qui peuvent être de nature tribale, ethnique et/ou religieuse. Dans ce contexte, il devient quasi inévitable que des États aux frontières trop souvent artificielles, définies au temps de la colonisation, deviennent des États faillis incapables d'assumer leurs fonctions régaliennes de maintien de l'ordre à l'intérieur et de sécurité à l'extérieur.

Au-delà des États et des nations, des frontières et des institutions, il convient de souligner le rôle des individus. Ils font la différence, dans l'histoire en général comme dans celle des relations internationales en particulier. Personnaliser l'Histoire comme le font les séries télévisées, ce n'est pas la trahir, c'est au contraire la rendre intelligible. Comment expliquer l'apparition de l'hégémonie française sur l'Europe à partir du XVIIe siècle sans mentionner les figures du cardinal de Richelieu (1585-1642) ou bien sûr celle de Napoléon Bonaparte (1769-1821) ? Comment analyser l'émergence de l'Allemagne derrière la Prusse dans la deuxième moitié du XIXe siècle sans faire référence à Otto von Bismarck (1815-1898) ? Plus près de nous au XXe siècle, les figures dictatoriales d'Adolf Hitler, Joseph Staline et Mao Tsé-toung sont tragiquement incontournables, de même que, de manière plus positive, celle de Mikhaïl Gorbatchev, qui joua un rôle considérable dans la fin de la guerre froide. Certes, il convient de tenir compte des tendances lourdes à long terme et des phénomènes de société, comme le faisait le grand historien français Fernand Braudel (1902-1985). Mais négliger le rôle décisif des individus, c'est tout simplement passer à côté de l'essentiel. La Première Guerre mondiale aurait pu être évitée si des hommes d'État dignes de ce nom avaient été aux affaires. Rétrospectivement, la comparaison n'est pas de l'auteur de ces lignes, mais de l'historien anglais A. J. P. Taylor, elle apparaît comme un gigantesque accident de chemin de fer, dans lequel chaque conducteur poussait sa locomotive à pleine vitesse sans se demander ce que pourraient être les conséquences d'une collision avec d'autres trains. Aujourd'hui, n'avons-nous pas collectivement le sentiment de nous trouver dans un avion sans pilotes, au moment même où les turbulences sont particulièrement fortes ? Cette impression de perte de contrôle apparaît à des degrés divers dans toutes les séries télévisées que nous analysons dans cet essai.

Comment, alors, attacher quelque importance à cette autre dimension des relations internationales, la quête du droit ? La Société des Nations, enfant du Congrès de Versailles qui mit fin à la Première Guerre mondiale, ne sut empêcher aucune des agressions, japonaise, allemande ou italienne, qui menèrent à la Seconde Guerre mondiale dans les années 1930. Il est très symbolique de voir que l'institution beaucoup plus intégrée et efficace qui lui a succédé après la Seconde Guerre mondiale, les Nations unies, n'apparaît presque jamais, sauf comme une coquille vide, dans la majorité des séries télévisées. La paix par le droit semble abstraite à l'heure de la terreur mondialisée.

Au-delà de ses principes ou non-principes généraux, comment expliquer aux amateurs de séries télévisées le monde qui est le nôtre ? D'où vient-il, où va-t-il ?

Il faut comprendre que, depuis 1945 et la fin de la Seconde Guerre mondiale, le monde a connu au moins une double révolution. La première tient en une formule : « l'équilibre de la terreur ». Depuis le 6 août 1945 et la bombe nucléaire sur Hiroshima, notre planète vit à l'ombre de l'atome depuis que l'humanité s'est « dotée » de l'instrument de son suicide collectif, pour plagier la formule de Jean-Paul Sartre. Une folie qui, pendant soixante-dix ans, n'a pas empêché les guerres et les conflits armés de toute sorte, mais a évité la Guerre avec un grand G. De 1945 à 1989, année de la chute du mur de Berlin, un ordre bipolaire a régné sur le monde, comme si Dieu, dans son infinie sagesse, avait voulu compenser l'inventivité destructrice des hommes par la sagesse d'un système d'équilibre entre deux blocs. Dans ce monde, pour citer mon maître Raymond Aron, « la paix était impossible, la guerre improbable ». Entre les États-Unis et l'URSS, la rivalité idéologique était trop grande, mais les deux blocs étaient unis dans leur volonté commune d'éviter l'apocalypse nucléaire.

La seconde révolution, au-delà de celle de l'atome, tient à la réussite du projet de réconciliation entre les nations européennes. Alors qu'il a fallu moins de vingt ans à la France et à l'Allemagne pour enterrer définitivement la hache de guerre, sunnites et chiites se livrent toujours une guerre sans merci, et ce depuis bien plus de mille ans, au sein du monde musulman. L'Union européenne n'est pas et ne pouvait sans doute devenir l'équivalent des États-Unis d'Amérique – trop d'histoires, de cultures et de langues différentes –, mais la guerre entre ses différents membres est devenue impensable et, on l'espère, impossible.

Après une courte parenthèse d'une dizaine d'années, dominée par l'hyperpuissance américaine qui dura de 1991, avec l'effondrement de l'Empire soviétique, jusqu'à 2001, avec l'effondrement des tours de Manhattan, le monde est aujourd'hui à la recherche d'un nouvel équilibre.

Le sentiment de chaos qui est le nôtre face au désordre du monde tient à la rencontre dans le temps entre quatre phénomènes.

Le premier s'apparente à un mouvement de plaques tectoniques d'ordre géopolitique. Pour la première fois depuis au moins le milieu du XVIIIe siècle, sinon le milieu du XVIe, l'Occident européen d'abord, américain ensuite ne domine plus le monde. Il a perdu le monopole des modèles. Il est un peu tôt pour affirmer que le flambeau de l'Histoire est passé d'Ouest en Est, de Washington à Pékin, mais il est clair que nous nous trouvons dans une période de transition du système international. L'Amérique ne veut plus et ne peut plus jouer les gendarmes du monde, la Chine n'est pas prête à prendre le relais et elle est encore moins désireuse de le faire.

Deuxième phénomène : ce mouvement de plaques tectoniques coïncide avec – certains diraient favorise – l'implosion d'une région sur elle-même, qui a des retombées sur ses voisins et au-delà sans doute sur le monde entier. Trois mots caractérisent la situation dans laquelle se trouve le Moyen-Orient aujourd'hui : fragmentation, radicalisation et expansion. Les frontières mises en place par les empires coloniaux au début du XXe siècle ont tout simplement cessé d'exister, de la Syrie à l'Irak, de la Libye au Yémen.

Cette fragmentation s'accompagne d'une radicalisation des forces en présence. L'opposition des nationalismes se double désormais d'un conflit de religions, à l'intérieur de la civilisation islamique d'abord, entre musulmans et chrétiens, musulmans et juifs ensuite, une dimension qui n'est pas nécessairement nouvelle mais qui rend tout compromis territorial extrêmement difficile, sinon impossible. Entre nations, on peut trouver des compromis, mais entre religions…

Enfin, le Moyen-Orient s'étend, il sort de ses frontières géographiques pour devenir sinon un état d'esprit, du moins une réalité mouvante qui suit l'afflux des réfugiés fuyant la guerre, mais se traduit aussi par la multiplication des actes terroristes sur nos territoires.

Un troisième phénomène qui est la conséquence directe de l'absence relative des États-Unis se traduit par le retour sur le devant de la scène d'une Russie humiliée et révisionniste. La nature a horreur du vide. La Russie de Poutine en profite pour avancer ses pions, à l'est de l'Europe d'abord, au Moyen-Orient ensuite.

Le quatrième phénomène qui contribue au chaos du monde pourrait être résumé ainsi. Nous vivons des circonstances exceptionnelles avec des dirigeants qui, à de très rares exceptions près, comme la chancelière d'Allemagne, Angela Merkel, ne le sont pas. Il y a à cela des raisons multiples. Les grands événements ne génèrent pas nécessairement de grands hommes. De manière plus structurelle, l'évolution de nos régimes démocratiques fait que les qualités nécessaires pour être élu ne correspondent pas à celles exigées pour gouverner. Savoir débattre avec brio sur des plateaux de télévision, tweeter avec talent sur les réseaux sociaux, avoir le sens des formules chocs nécessairement courtes n'implique pas le courage de prendre des décisions difficiles mais indispensables et, au-delà, ce que les Latins appelaient la *gravitas*, mélange de sérieux et d'expérience.

Dans un tel contexte d'absence de principe d'ordre et d'arbitre incontournable il semble normal, sinon inévitable, que le thème servant de fil conducteur sur un plan géopolitique aux séries actuelles soit celui de la peur :

– la peur du chaos et du retour de la barbarie/*Game of Thrones*

– la peur du déclin lié à la crise de la démocratie/*House of Cards*

– la peur du terrorisme et l'interrogation sur la nature de la menace et l'identité de l'ennemi/*Homeland*

– la peur du basculement dans un autre ordre du monde qui s'accompagne de la nostalgie pour un ordre condamné/*Downton Abbey*

– la peur de l'occupation russe/*Occupied*.

S'il y a une série qui agrège et résume toutes ces peurs et les présente comme des couches archéologiques, c'est bien *Game of Thrones*, ce qui justifie et légitime que nous commencions par elle notre voyage géopolitique à travers les séries.

II

Game of Thrones ou la fascination du chaos

Avec la précision d'un mécanisme d'horlogerie suisse, les villes se redressent, un arbre comme figé dans la pierre étend ses branches vers le ciel. La caméra zoome et parcourt, comme le ferait un drone à basse altitude, un univers fait d'immensité glacée, de déserts sans fin, de ports qui s'inscrivent sur des cartes qui semblent sorties tout droit du Moyen Âge ou de la Renaissance. Comme des marionnettes, des statues souvent brisées s'abaissent avant de se dresser à nouveau, symboles de fragilité des civilisations plus que de grandeur. Le mur de glace – s'agit-il d'une évocation du mur d'Hadrien qui, à la frontière nord de l'Angleterre actuelle, protégeait l'Empire romain des barbares du Nord ? – que l'on voit de loin, puis de très près de bas en haut, confirme cette impression d'impuissance plus que de force. L'homme est absent d'un générique qui a pour vocation de faire naître un sentiment d'inquiétude, sinon d'angoisse, renforcée par la présence d'un bracelet de feu, dont les flammes incandescentes succèdent à la froideur des paysages glacés. L'homme vit sans doute sur ces terres hostiles, mais il n'y est clairement pas le bienvenu. Il est tout au plus un pion, dans un jeu dominé par des forces qu'il ne contrôle pas ou ne contrôle plus.

La série peut s'ouvrir.

De La Guerre des Deux-Roses *à* Game of Thrones

La Guerre des Deux-Roses se déroule à la fin de la guerre de Cent Ans dans une Angleterre frustrée par l'indépendance totale reconquise par la France de Charles VII. Les maisons de York et de Lancastre vont s'affronter de manière sauvage – n'épargnant personne, surtout pas les enfants, potentiels héritiers de la Couronne – entre 1455 et 1485. Il s'agit là encore d'une guerre de Trente Ans, comme celle qui va opposer catholiques et protestants dans l'Europe du XVIIe siècle entre 1618 et 1648. Cette guerre de Trente Ans sert souvent de référence pour expliquer le Moyen-Orient contemporain, surtout depuis l'échec des « printemps arabes » et le désordre qui lui a succédé. Les sources du conflit ne sont-elles pas aussi de nature religieuse ?

Ainsi la boucle est-elle bouclée, guerre des Roses, guerre de Trente Ans et Moyen-Orient contemporain.

L'adéquation entre le Moyen Âge réel et de fantaisie et le Moyen-Orient d'aujourd'hui peut apparaître à certains irrésistible.

Il est vrai qu'entre l'univers de la série américaine basée sur l'œuvre de George R. R. Martin et le Moyen-Orient actuel, il y a plus que des similitudes. Dans les deux cas, celui de la fiction comme celui du monde réel, on se trouve au Moyen Âge : un Moyen Âge dominé par le chaos et la violence. La clarté aveuglante de la lumière physique du Moyen-Orient ne fait que souligner la montée en son sein des forces les plus obscures. Il peut bien faire plus de quarante degrés à l'ombre, mais, au sens métaphorique de *Game of Thrones*, c'est au Moyen-Orient plus qu'ailleurs, pour faire des variations sur l'expression qui sert de fil conducteur à toute la série, que « l'hiver s'est installé ».

L'hiver approche dans l'univers de la série culte. Le réchauffement gagne la planète dans celui du monde réel. Curieuse inversion climatique et géographique, qui traduit la montée d'une culture de peur. Dans l'Ancien Testament, dans le Livre des Prophètes tout comme dans *Game of Thrones*, la menace vient du Nord. Dans la réalité contemporaine, elle vient du Sud.

La comparaison avec le Moyen Âge, dans son interprétation la plus noire – il ne s'agit pas, bien sûr, du « temps des cathédrales et des monastères » qui précède et ouvre la voie à la Renaissance, par son élévation spirituelle – est plus émotionnellement immédiate, plus forte, surtout, que toute autre. Au Moyen-Orient aujourd'hui, comme en Europe hier, ne sommes-nous pas dans « *The Calamitous 14th Century* » (Le siècle sombre) que décrivait l'historienne américaine Barbara W. Tuchman dans son livre éponyme ?

Tout autant que la violence, ce qui domine dans l'univers dans lequel nous entrons, c'est le chaos. Là encore, comme dans *Downton Abbey*, que nous analyserons plus tard, nous assistons à la fin brutale d'un monde. Certes, comparer les deux séries équivaudrait sur un plan musical à mettre sur le même plan *Le Crépuscule des dieux* de Wagner et telle ou telle œuvre d'Elgar ou de Walton, compositeurs britanniques contemporains de l'action de la série *Downton Abbey*. Et dans *Game of Thrones*, l'ordre qui s'effondre ne semble pas devoir être remplacé par un autre.

Car le chaos dont il est question dans *Game of Thrones* n'est pas celui des premières mesures de *La Création* de Joseph Haydn, avant que Dieu ait créé le Ciel et la Terre. On est très loin de la civilité, de la mesure du siècle des Lumières. L'ordre ne va pas sortir du chaos. C'est plutôt l'inverse. S'il y a eu un ordre hier au royaume de Westeros, il disparaît sous nos yeux. « Westeros est devenu son pire ennemi », comme le dit Varys, un eunuque membre du conseil royal, qui, en dépit de ses multiples ambiguïtés, est un des rares personnages de la série à avoir le sens de l'État et, à sa manière très particulière, du bien commun. Il est dans la tradition des eunuques qui, ne pouvant avoir de descendance, sont moins tentés que d'autres de créer leur propre dynastie, et qui accédaient plus facilement de ce fait à des hautes fonctions dans les Empires byzantin ou ottoman.

Avec la disparition d'un principe d'ordre et l'absence d'un roi responsable et compétent qui soit animé par le sens du bien commun, le désordre ne peut que s'installer.

It's Politics Stupid

Dans l'univers de *Game of Thrones*, c'est la politique qui domine le monde et non l'économie, même si elle aussi joue un rôle important, comme le démontre la présentation faite de « banquiers centraux » du royaume de Westeros. Les guerres doivent être financées.

Si on lit le récit comme une critique du temps présent, n'apparaît-il pas, en partie au moins, comme une réflexion féroce sur la crise de légitimité du politique et des politiques ? Ceux qui veulent le bien sont naïfs et impuissants, ceux qui sont purement cyniques peuvent survivre plus longtemps, mais deviennent vite les victimes de leurs propres calculs. « Le pouvoir corrompt, le pouvoir absolu corrompt absolument », disait l'historien anglais Sir Lewis Namier, s'inspirant de Montesquieu. Au royaume de Westeros, le pouvoir absolu se traduit par l'arbitraire le plus sanguinaire. On est plus proche de Néron et de Caligula que des élites corrompues du monde contemporain. Sauf peut-être dans certains pays du Moyen-Orient et en Corée du Nord...

Les raisons d'un succès mondial

Comment expliquer le succès phénoménal de la série la plus regardée, la plus piratée, la plus commentée de l'histoire des séries télévisées depuis *The Sopranos* ? *Game of Thrones* est de très loin la série occidentale la plus regardée en Chine, par exemple.

Aux États-Unis même, ne dit-on pas que le président Obama exerce le privilège « régalien » de pouvoir visionner l'ensemble d'une saison avant le commun des mortels ? Connaître le développement de l'intrigue presque seul avant les autres : on serait tenté d'y voir l'expression moderne et innocente du « droit de cuissage » en vigueur dans l'Europe de l'Ancien Régime. Ne dit-on pas aussi que la trame de l'intrigue et la manière dont elle doit se conclure, selon son auteur George R. R. Martin, sont précieusement conservées dans les coffres d'une banque, au cas où leur auteur viendrait à disparaître prématurément avant l'achèvement de la série ?

Avec *Game of Thrones*, on entre dans un univers situé à mi-distance entre celui des jeux vidéo et celui des séries traditionnelles. Dès le générique, tout est en mouvement. Il s'agit, d'un épisode à l'autre, au sens visuel du terme, de variations sur un même thème. Au spectateur d'en percevoir les subtilités et d'en découvrir la signification. Mais le message est clair, en dépit de la nature volontairement obscure des images : « Un jour vous êtes au sommet, le lendemain tout en bas de l'échelle. » Les Romains disaient, pour traduire cette réalité, que « la roche Tarpéienne est proche du Capitole ». Nous entrons dans une réflexion sur la vulnérabilité du monde.

La série *Game of Thrones* est de loin celle qui a attiré le plus de commentaires géopolitiques et politiques. À l'été 2015, Bill Clinton et George W. Bush se partageaient la couverture de *Time Magazine* sous le titre *Game of Thrones*, comme pour souligner le fait que leurs épouse et frère respectifs allaient se livrer (s'ils étaient les deux candidats retenus par leurs partis), dans la conquête de la Maison-Blanche, à un combat sans merci. L'un des hebdomadaires les plus distribués dans le monde liait ainsi de manière spectaculaire, et non innocente, les jeux de pouvoir de la campagne pour l'élection présidentielle de 2016 aux États-Unis et la série de HBO.

Pourquoi en est-il ainsi ? S'agit-il seulement de la traduction de la crise du politique, comme je l'ai suggéré précédemment ? Peut-on aller jusqu'à parler, à propos de *Game of Thrones*, d'une « quête de désespérance », comme on parlait hier à l'heure de l'« âge d'or » du cinéma américain, entre Frank Capra et Billy Wilder, de la célébration ou de la quête de l'espoir ?

La géopolitique de Game of Thrones

Quels liens peut-on bien établir entre le monde de fiction et de fantaisie de *Game of Thrones*, peuplé de dragons et de morts-vivants, de sorcières et de géants, et le monde réel qui est le nôtre ? Bien avant *Time Magazine*, la généralement sérieuse revue de politique étrangère américaine *Foreign Policy* s'était amusée à transposer le monde fantastique de la série dans le Moyen-Orient d'aujourd'hui. Les alliances, duperies, mésalliances qui se succèdent entre les grandes familles de *Game of Thrones* n'ont-elles pas une ressemblance frappante avec ce qui se passe actuellement au Moyen-Orient ? Il n'y a qu'un seul vainqueur dans *Game of Thrones*, la Mort elle-même. N'est-ce pas là une description à peine exagérée de ce qui se passe, en Syrie en particulier, depuis plus de quatre ans ? Mais, alors que nous tournions pudiquement (ce n'est plus possible depuis les attaques sur Paris du 13 novembre 2015) – , il serait plus juste de dire lâchement – nos yeux pour ne pas affronter la réalité syrienne, nous sommes littéralement dans un processus permanent de sidération face aux péripéties les plus sanglantes des épisodes de *Game of Thrones*. Tout se passe comme si plus nous fermions les yeux sur la réalité de la violence au Moyen-Orient, plus nous les ouvrions sur la violence de la fiction, même si, pour nous aussi, dans les rues de Paris, la réalité a rejoint sinon dépassé la fiction en cette nuit tragique du 13 novembre. Quoi qu'il en soit, en Syrie aussi, ironie tragique de l'Histoire, on est entré dans la saison 5 de la catastrophe… Et la saison 6 n'est pas encore écrite, mais on ne voit pas comment elle pourrait être moins tragique et violente que les précédentes.

Pour reprendre la terminologie de la série, dans le monde réel d'un Moyen-Orient, qui a traversé la Méditerranée jusqu'à rejoindre les rives de la Seine, ce n'est plus *Winter is coming* (*L'hiver approche*) mais *Winter has come.* (*L'hiver s'est installé*). Et, comme dans la série, on peut craindre qu'il ne dure très longtemps.

Pour aller plus avant dans l'analyse comparative faite par l'article de *Foreign Policy* entre la série et le Moyen-Orient actuel, voici les conclusions auxquelles était arrivée la journaliste. Il ne s'agit là que d'un jeu, qui ne peut être intelligible que pour les lecteurs de George R. R. Martin ou les fidèles de la série. Y faire référence, n'est-ce pas déjà tomber dans un piège médiatique ? Sans doute, mais, vues sous cet angle et avec ces clés de lecture contemporaines, même si elles sont schématiques et superficielles, ou, pis encore, datées – car elles ne tiennent pas compte des saisons les plus récentes –, les analogies donnent à la série une tout autre dimension. Au fond, n'existe-t-il pas comme un processus dialectique à l'œuvre dans *Game of Thrones* ? Car la réalité, et cela est toujours plus vrai au fil des saisons, est une source d'inspiration inépuisable pour la série.

Mais la fiction, on y a déjà fait allusion dans l'introduction, a pu elle aussi inspirer la réalité.

Le Moyen-Orient de Game of Thrones

Voici donc, résumé par Alyssa Rosenberg dans la revue américaine *Foreign Policy*, le Moyen-Orient de *Game of Thrones*. Je laisse bien sûr à l'auteure la responsabilité de ses comparaisons audacieuses.

Les Lannister sont l'Arabie Saoudite, une famille extrêmement riche et puissante, dont le principe répété à toutes occasions, et violé à de multiples reprises – certaines de façon particulièrement dramatique et violente –, est : « La famille d'abord. » Ils sont les faiseurs de roi par excellence.

La Maison Stark, incontestablement plus sympathique et attachante, est l'équivalent des mouvements d'opposition qui ont brièvement accédé au pouvoir au lendemain des « printemps arabes » avant d'être renversés.

La Maison Barathéon représente, elle, les autocrates arabes. Ils régnaient avec les Lannister, mais, en raison des troubles de succession récents, ils ont cherché à se trouver de nouveaux alliés.

La Maison Targaryen n'est rien de moins que les États-Unis eux-mêmes. La dynastie targaryenne est venue de loin, elle trônait sur le royaume de Westeros depuis des décennies. Sa puissance de feu, largement supérieure à celle des autres maisons – reposant sur des dragons, que l'on peut imaginer comme l'équivalent fantastique au Moyen Âge des drones contemporains –, était garante de son hégémonie.

La Maison Greyjoy n'est-elle pas la Turquie ? Une Maison nostalgique de l'époque où elle contrôlait de larges pans du royaume de Westeros.

Quant à la Maison Martell, c'est l'Iran. Ses membres se voient comme distincts des autres grandes Maisons de Westeros. D'une origine ethnique diverse, fiers de leur différence, leur haine des Lannister (l'Arabie Saoudite) n'a d'égale que celle des Tyrell.

La Maison Tyrell, c'est bien sûr Israël. Elle est fière du royaume prospère qu'elle a bâti dans Westeros et a trouvé une cause commune avec les Lannister en dépit de différences évidentes.

Les Sauvageons, ce sont les islamistes. Installés au nord du Mur, ils se définissent eux-mêmes comme le peuple libre, puisqu'ils refusent les règles du système.

Les Marcheurs blancs, quant à eux, c'est Daech. Leur tactique est terriblement efficace. Ils recrutent en masse et, même dans le contexte de violence généralisée qui règne sur Westeros, leur comportement apparaît comme abominable.

Les Gardes de la Nuit sont les Kurdes chargés de défendre Westeros de toute invasion venue du nord du Mur, qu'il s'agisse des Sauvageons ou des Marcheurs blancs. Cette dernière analogie est très contestable et donne sans doute trop d'importance aux combattants kurdes.

Tout cela n'est pas très sérieux, bien sûr, et ne devrait donc pas être pris au sérieux. D'autres interprétations sont possibles et peuvent même apparaître plus légitimes encore.

Mais l'important est que des journaux, ou des magazines de réputation mondiale, puissent entrer dans ce jeu. Plus près de nous, et pour ne pas être en reste, à l'occasion de la cinquième saison de *Game of Thrones*, lemonde.fr a offert à ses lecteurs un résumé en quatre minutes de la crise à Westeros.

Time, Foreign Policy, Le Monde… ! Sommes-nous tous devenus fous ? S'agit-il d'un phénomène d'hystérie collective ou, plus simplement, d'une réflexion sur la crise des médias qui ne savent plus quoi faire pour retenir une audience de plus en plus lointaine et qui passe beaucoup plus de temps à regarder des séries télévisées qu'à lire des journaux ou des magazines en format papier ou sur Internet ?

L'auteur de ces lignes doit bien l'avouer : si j'ai suivi avec délices *Downton Abbey*, j'ai éprouvé, au début au moins, le plus grand mal à pénétrer dans l'univers de *Game of Thrones*. Question de génération, sans doute : je suis né dans l'immédiat après-guerre. Manque de familiarité avec l'univers fantastique de Tolkien ou celui de George R. R. Martin. Répulsion, enfin, devant l'étalage de tant de violence ou de tant de dépravation. La spécialité de *Game of Thrones* ne consiste pas seulement à violer de façon récurrente tous les tabous, comme celui de l'inceste, mais à systématiquement faire disparaître tous les héros qui pourraient avoir une dimension positive au moment où le spectateur s'y attend le moins.

Et pourtant, je dois humblement avouer mon addiction grandissante au fil des saisons. Je n'ai pas regardé la série par « devoir », mais par « plaisir ». Combien de fois, après un épisode particulièrement sanglant, comme celui – les passionnés reconnaîtront – dit « des Noces rouges », ne me suis-je pas dit : « J'arrête, j'ai compris », pour reprendre le lendemain avec un sentiment diffus de culpabilité et d'irrépressible curiosité, mélange de voyeurisme mais aussi de passion pour la suite de l'intrigue. Il m'est arrivé de reculer le visionnage d'un épisode pour retarder le moment de mon plaisir. J'étais devenu « drogué », au sens le plus strict du terme. Qui va disparaître dans le prochain épisode ? Ne dois-je pas le savoir pour comprendre l'ensemble du récit ?

En fait, dans *Game of Thrones*, on est pris par la débauche de moyens et d'effets spéciaux, on est entraîné par le rythme endiablé de la série. La raison vous dicterait de résister, mais, dans un processus d'infantilisation, vous devenez des esclaves, captifs et heureux de l'être.

Game of Thrones *et la question des réfugiés*

Les questions que pose avec habileté, sinon parfois une intuition créatrice, *Game of Thrones*, sont bien des questions essentielles de géopolitique. Et les thèmes abordés sont d'une très grande actualité. Qu'est-ce que le pouvoir ? À plusieurs reprises, les différents personnages se livrent à un débat de nature philosophique sur ces questions centrales entre toutes. Comment se forme un État ? Comment traite-t-on le problème des frontières ? Et celui des réfugiés ? La série semble une fois encore préfigurer la réalité.

Les réfugiés sont-ils une menace ou un espoir ? Ainsi, dans la saison 5, l'un des rares héros positifs de la série, Jon Snow, prend-il des risques – qui vont se révéler inconsidérés – pour faire ce qu'il considère comme un devoir moral : sauver des réfugiés qui, contrairement à la réalité contemporaine, viennent du Nord. Son action n'est pas, c'est le moins que l'on puisse dire, comprise par ses compagnons, les « Gardes de la Nuit ». Angela Merkel, lorsqu'elle ouvre les portes de l'Allemagne aux réfugiés, obéissant à son seul instinct moral, n'est-elle pas une Jon Snow contemporaine ?

Quel est le message que veut véhiculer la série ? Qu'il est suicidaire et finalement inutile de vouloir faire le bien ? Ou, à l'inverse, qu'il convient – quel que puisse être le prix à payer, de suivre son instinct moral ? Ce passage de la saison 5 est d'une telle actualité, aujourd'hui, qu'il est difficile de ne pas « voir » des personnages politiques réels, comme Angela Merkel et Marine Le Pen, à travers les discours des héros de la série. La question qu'ils posent de manière contradictoire n'est-elle pas la question centrale à laquelle l'Europe doit faire face aujourd'hui : comment accueillir et traiter les réfugiés ?

Et, au-delà, comment se réconcilier avec l'Autre et transcender les haines ancestrales sans retomber dans un climat de vendetta ? Quels sont les liens entre le commerce, la banque et la guerre ? Comment fait-on face au fanatisme religieux ? Comment recrute-t-on des mercenaires ? Comment intégrer la guerre technologique et comment se protège-t-on de la manière la plus efficace : faut-il éliminer physiquement ses ennemis, les acheter, conclure des alliances par mariage avec eux, construire des murs, posséder l'équivalent dans le monde fantastique de ce que sont des armes de destruction massive dans le monde réel ?

Qu'est-ce que la justice ?

Certes, *Game of Thrones* aborde et répond à sa manière à toutes ces questions. Mais son interrogation principale est la suivante : qu'est-ce que la justice ? Sa quête n'est-elle pas dangereuse, dans le monde imparfait qui est le nôtre ? Ce n'est plus « Liberté, combien de crimes ont-ils été commis en ton nom », mais « Justice, combien d'hommes sont-ils morts à cause de toi ».

Peut-on faire le bonheur des hommes sans les consulter sur le futur qu'ils souhaitent ? La « mère des Dragons », convaincue de la nécessité de sa « Mission civilisatrice », en fera l'amère expérience.

Pour tenter de sauver sa vie, elle doit faire appel à ses dragons, qui agissent sur les « rebelles » toujours plus nombreux, comme le faisait le napalm sur les Nord-Vietnamiens pendant la guerre du Vietnam : en réduisant leurs corps calcinés en tas de cendres.

D'un côté comme de l'autre, il s'agit toujours de terroriser.

Les villes se soulèvent contre leurs maîtres du jour. Les royaumes se succèdent sans apparente logique. Les cités prospèrent et déclinent, jusqu'à devenir des ruines antiques, particulièrement photogéniques. On se croirait parfois dans des tableaux de Poussin ou de Claude Gellée dit Le Lorrain, sinon dans les vues de *La Cité idéale* peintes au XVe siècle par Piero della Francesca, avec une différence majeure, toutefois : des lépreux hantent encore ces ruines et peuvent vous attaquer et vous contaminer. Les voyages sont incertains, vous pouvez être capturé par des marchands d'esclaves ou agressé par des sauvages.

Le message répété à chaque épisode est simple. On pourrait le résumer ainsi. Sur la terre des Sept Royaumes, vous n'êtes en sécurité nulle part. N'est-ce pas le monde d'aujourd'hui, à l'heure des actes de guerre mondialisés qui peuvent vous frapper sur tous les continents de la planète ? Que vous soyez puissants ou misérables, vous êtes égaux devant la mort. Pas seulement pour des raisons biologiques, mais pour des raisons géopolitiques. Plus haut vous êtes dans la société, plus vous vous trouvez menacé et plus courte risque d'être votre existence.

C'est en 1996 que George R. R. Martin entame l'écriture de sa saga *Le Trône de fer* (*A Song of Ice and Fire*), un récit fantastique se déroulant au Moyen Âge, mais qui emprunte également à Byzance, à l'Antiquité, aux Vikings…, dans un syncrétisme historique qui traduit bien la confusion de notre temps. Nous sommes tous interdépendants, mais nous vivons tous dans des calendriers différents. On peut penser que l'attraction de son récit tient précisément à son adéquation avec notre époque. Et en particulier cette appréhension du futur, qui explique notre fascination pour le Moyen Âge. Ne sommes-nous pas en train de faire de grands bonds en arrière sur le plan de la conscience morale, ne mettons-nous pas en danger la survie même de notre planète au moment où, sur un plan scientifique, nous faisons de gigantesques bonds en avant ? Autrement dit, il existe une lecture très négative de la fascination pour *Game of Thrones* : « Le Moyen Âge, c'est nous. » Ce n'est pas « Retour vers le futur », mais « Plongée vers le passé ».

Plus que toute autre série, avec une efficacité liée à sa qualité visuelle – les effets spéciaux sont souvent remarquables – tout autant qu'à l'imagination de son récit, *Game of Thrones* traduit le triomphe de la peur.

C'est seulement quinze ans après l'écriture de sa saga, en 2011, que l'œuvre de George R. R. Martin devient une série pour HBO. Adaptée à l'écran, l'histoire a évolué, passant de l'univers sombre d'un conte mettant en scène une famille de rois et de reines diaboliques à celui d'une vaste saga géopolitique aux règles d'engagement aussi complexes que variables, à même d'offrir au spectateur versé dans le domaine de la politique étrangère une ébauche de réflexion, sinon de véritables enseignements.

La défaite de la morale ?

Le problème est que cet apprentissage est loin d'être neutre. *Game of Thrones* ne célèbre pas seulement le triomphe de la Realpolitik ou du cynisme, pour reprendre les termes de François Hollande et Barack Obama dans leurs discours pour l'ouverture du sommet de la COP 21, le 30 novembre 2015 à Paris. Il s'agit aussi de la défaite de la morale. Ceux qui gagnent systématiquement sont des pragmatiques « aux mains prestes et aux nerfs glacés », pour reprendre la formule de Stefan Zweig dans *Le Monde d'hier*.

Ceux qui mettent en avant la justice au-delà de tout calcul perdent toujours, y compris leur vie. De fait, dans *Game of Thrones*, avoir un sentiment vrai, donner la priorité aux élans de son cœur, par exemple, est un risque mortel. Pour réussir, c'est-à-dire pour survivre, il faut, comme le dit un des héros extrêmement cynique, membre du grand conseil du royaume, Lord Baelish, être convaincu que « le chaos est une échelle qui nous permet de monter ».

À la fin des fins, dans *Game of Thrones*, le seul vainqueur, c'est la mort.

Le succès de la série traduirait-il une fascination malsaine pour la violence et le sexe ? Ou constituerait-il une forme d'exorcisme du type : « Nous savons tous que le monde va mal, très mal, même, mais, en dépit de Daech, la violence ne peut aller jusqu'à atteindre le niveau qui est celui de *Game of Thrones*.

« L'Histoire ne nous apprend rien – si ce n'est qu'il ne faut pas envahir la Russie à la fin de l'été – car elle contient tout », disait avec humour le grand historien britannique du XXe siècle A. J. P. Taylor. *Game of*

Thrones offre une vision syncrétique de la politique internationale. Elle est presque l'équivalent télévisuel d'une pièce qui s'est donnée sans interruption à Londres pendant des années, *Abridged Shakespeare*. Un condensé en moins de deux heures de toute l'œuvre du dramaturge anglais. De la lumière dorée du Sud à la lumière grise de l'Ouest jusqu'à la lumière blanche du Grand Nord, des déserts de sable à la grandeur des immensités glacées, on s'égorge uniformément et de manière – si l'on peut dire – spontanée et naturelle. Dans un monde dominé par le paganisme et/ou le fanatisme religieux qui ne connaît plus ni l'humanisme, ni les lumières, les barbares ou les illuminés triomphent. Le corps humain n'est plus que de la matière que rien ne distingue vraiment des animaux. Nous sommes des « bêtes humaines », rien de plus. Il y a certes des références bibliques, mais leurs choix ne sont pas neutres. Ainsi, comme dans l'Ancien Testament, retrouve-t-on le sacrifice des nouveau-nés et, pour faire bonne mesure, on y ajoute le meurtre des enfants de tous âges qui peuvent être les potentiels bâtards d'un monarque défunt ou même des enfants légitimes que l'on sacrifie sur l'autel de la superstition, pour renverser le cours des batailles. Sans le moindre succès, d'ailleurs.

Tout comme des femmes suspectées de collaboration ou de rapport sexuel avec l'ennemi pouvaient être tondues et condamnées à affronter nues la vindicte populaire dans la France libérée à la fin de la Seconde Guerre mondiale, dans *Game of Thrones*, une reine qui a eu tous les pouvoirs se retrouve elle aussi humiliée sous les yeux de la populace, dans une scène d'anthologie aussi longue que brutale.

L'univers de *Game of Thrones* est si riche en clins d'œil, évocations et métaphores qu'il a déjà été utilisé pour tout expliquer, de l'élection présidentielle américaine jusqu'au football anglais.

Le règne des analogies

Sur le plan de la géopolitique, la comparaison avec le Moyen-Orient et sa violence est certes incontournables mais loin d'être exclusive. On peut ainsi évoquer la rivalité suicidaire entre Athènes et Sparte décrite avec minutie par Thucydide dans sa *Guerre du Péloponnèse*. Une rivalité qui va ouvrir la Grèce à l'invasion de forces extérieures, les Perses d'abord, les Romains ensuite. Une autre référence apparaît plus évidente encore. Ne peut-on comparer les Maisons de *Game of Thrones* avec les cités-États de la Renaissance italienne ? Là encore, leurs rivalités vont permettre à des puissances extérieures, comme l'Espagne des Habsbourg ou la France des Valois, parfois alliée avec l'Empire ottoman de Soliman le Magnifique, de mettre fin à l'anachronisme de leurs luttes en se taillant des parts d'empire dans une Italie qui n'est encore qu'une simple expression géographique. Un état de choses que déplore Machiavel, l'auteur du *Prince*, que les scénaristes de la série semblent citer en permanence. C'est ce contexte

GAME OF THRONES

de la Renaissance italienne qui voit, selon l'historien américain de l'université Columbia Garrett Mattingly, la naissance de la diplomatie moderne.

Si les scènes de guerre sont souvent spectaculaires dans *Game of Thrones*, comme l'attaque du Mur dans la saison 4, par exemple, grâce à des moyens financiers qui sont généralement ceux du cinéma – et encore, dans le cas des films à gros budget –, les scènes consacrées aux négociations diplomatiques n'en sont pas moins centrales et paraissent souvent bien réalistes, dans leur mélange de retenue et de brutalité. Pour illustrer *Game of Thrones*, on pourrait également parler des renversements d'alliance, chers à la diplomatie européenne du XVIIIe siècle. Ainsi, en 1756, après des siècles de rivalités, la France et l'Autriche vont-elles s'unir contre la Prusse. Ce sera le début de la guerre de Sept Ans. Il s'agit d'un précédent diplomatique qui semble avoir inspiré les auteurs de la série. Et que l'on retrouve dans la réalité la plus contemporaine. Depuis les attentats de Paris du 13 novembre 2015, le régime de Bachar al-Assad, sinon sa personne même, semble à nouveau fréquentable, même pour la France de François Hollande et Laurent Fabius.

Le message de Game of Thrones

De fait, *Game of Thrones* peut-être vue comme une synthèse accélérée de l'histoire des relations internationales. La série est porteuse d'un double message.

Premièrement, il n'est pas de principes qui tiennent, même si l'on a tout le temps le mot de famille à la bouche. Au moment de l'affaire Dreyfus en France, dans les dernières années du XIXe siècle et les toutes premières du XXe, une formule faisait fureur : « Y penser toujours, n'en parler jamais. » La famille, dans *Game of Thrones*, n'est-ce pas plutôt l'inverse : en parler toujours, n'y penser jamais ? Il n'y a aucun manichéisme dans cette vision d'un monde où personne n'est vraiment bon et où tout le monde, à de très rares exceptions près, est plus ou moins mauvais. Deuxièmement, et cette logique est la conséquence directe de la première, tout est permis. On tue son père, son frère, son enfant. On couche avec son frère, avec lequel on a une descendance…

La réussite de *Game of Thrones* ne tient pas seulement à la qualité de sa réalisation, à celle de ses acteurs et aux entrelacs de son récit. Plus que toute autre sans doute, elle crée un rapport particulier au temps qui fait que de spectateur on deviendrait presque acteur. Dans *Game of Thrones*, en effet, le temps ne se déroule pas de manière normale. Le temps est une suite d'événements plus spectaculaires et brutaux les uns que les autres. C'est ainsi que la série exerce sur ses spectateurs un effet de sidération. À peine s'est-on attaché à un personnage que l'on retrouve sa tête au bout d'une pique. On est toujours dans la transgression et l'inattendu. Aucun détail ne nous est épargné : combats spectaculaires et sanglants qui se déroulent le plus souvent dans une pénombre qui renforce le sentiment, non pas seulement de l'horreur, mais aussi de l'incompréhension. Qui est qui, qui triomphe vraiment ? Si le temps de *Game of Thrones* n'est pas celui de la vie réelle, comme dans la vraie vie, en revanche, on a l'impression de ne rien comprendre, ni à l'issue des combats, ni au déroulement des négociations. À certains moments, les échanges entre deux membres, plus cyniques encore que les autres, du conseil royal, dont l'un est eunuque et l'autre patron de bordel, évoquent par leur nature la pièce à succès *Le Souper*. On y voit avancer « le vice au bras du crime », pour reprendre la célèbre formule de Chateaubriand sur Talleyrand et Fouché.

Au-delà de la violence, représentée avec complaisance, il y a le sexe et une nudité parfois frontale, qui, c'est le moins que l'on puisse dire, n'est pas fréquente dans la culture puritaine à l'américaine. Un sexe qui de nouveau prend plaisir à violer tous les tabous, sans jamais tomber, la censure veille, dans la pornographie. Dans *Game of Thrones*, on est beaucoup plus près de l'érotisme discret, de bon goût, de films comme *Emmanuelle* que de *Nymphomaniac* de Lars von Trier.

Nous sommes aussi, bien sûr – référence culturelle incontournable sans laquelle on ne peut rien comprendre –, dans l'univers de Shakespeare. Pas ceux de *Comme il vous plaira* ou du *Songe d'une nuit d'été.* Mais le Shakespeare de *Hamlet* et de *Macbeth*, celui « du bruit et de la fureur » qui verse trop souvent dans le Shakespeare « du sang et de l'horreur », celui de *Titus*

Andronicus. Le Shakespeare auquel il est le plus fait référence dans *Game of Thrones* est celui des pièces historiques, de *Henry V,* qui rallie ses troupes avant la bataille d'Azincourt en 1415 (et offre à Shakespeare l'occasion d'une de ses plus belles et plus fameuses tirades) à *Richard III,* qui, à la bataille de Bosworth, cherche désespérément à sauver sa vie en offrant « [s]on royaume pour un cheval ».

En mélangeant ainsi avec habileté Tolkien et Shakespeare, références bibliques et antiques – tel le sacrifice de ses propres enfants – et allusions de moins en moins détournées à l'actualité, sans oublier la volonté la plus claire de faire appel aux instincts les moins nobles de l'homme, *Game of Thrones* parvient à créer un univers barbare et envoûtant, qui réussit à captiver un très large public.

Un succès qui est presque celui de la série traitée dans notre prochain chapitre, *Downton Abbey*. Il existe entre ces deux séries comme un équilibre sur le plan géopolitique. Car, si *Game of Thrones* traduit notre fascination pour le chaos, *Downton Abbey*, reflète un sentiment exactement inverse, notre nostalgie de l'ordre. N'est-il pas rassurant, après avoir été confronté au monde des dragons, de trouver refuge dans un château anglais, de s'asseoir au coin du feu avec Lord et Lady Crawley et de savourer « *a good cup of tea* » (une bonne tasse de thé) ? Le vent de l'Histoire peut souffler très fort dehors, en compagnie de Lady Violet (Maggie Smith) rien de grave ne peut vraiment vous arriver.

Comme les deux portes de Janus ouvraient l'une sur la paix, l'autre sur la guerre, *Game of Thrones* et *Downton Abbey*, mis en parallèle, offrent un tableau on ne peut plus contrasté de la fureur et de la douceur du monde, même si la violence sociale n'est jamais très loin dans le calme trompeur des châteaux anglais.

III

Downton Abbey ou la nostalgie de l'ordre

L'homme marche d'un pas assuré et tranquille, son chien fidèle à ses côtés. À l'horizon, la demeure se profile puis se rapproche. Elle est noble et imposante, même si l'on est très loin de la grandeur et de l'harmonie d'un château à la française. Une première image qui célèbre les valeurs de la « gentry », faites de continuité et de stabilité, de respect et d'amour de la terre, d'une certaine modestie, aussi. La caméra se situe désormais à l'intérieur de la demeure. Les cristaux brillent, l'argenterie reluit, un plumeau tenu par une main attentive et délicate dépoussière les lampes. Le système d'appel reliant toutes les pièces du château à un tableau central à l'office est en place. On l'entend qui résonne. Les serviteurs sont bien reliés à leurs maîtres. Tout est en place, l'épisode peut commencer.

Du Haut (*Upstairs*) au Bas (*Downstairs*) de la propriété, l'échelle sociale est clairement définie. Au début des années 1970, de 1971 à 1975 précisément, une série télévisée britannique diffusée par ITV 1, *Upstairs/Downstairs* (*Maîtres et valets*), a déjà fait le bonheur de ses nombreux spectateurs. Elle a été traduite en plusieurs langues, dont le français, sous le titre « Maîtres et Valets » diffusée par TF1, et fait l'objet d'une seconde version, produite celle-ci par la BBC en 2010. Le propos est identique entre *Downton Abbey* et *Upstairs/Downstairs*, et la période assez proche : les débuts du XXe siècle. Il s'agit pour *Upstairs/Downstairs* de la vie d'une famille aristocratique anglaise, les Bellamy, dans leur résidence londonienne du 165 Eaton Place entre 1903 et 1930. Certes, le lieu n'est pas le même. *Downton Abbey* nous transporte de la ville à la campagne, même si la ville apparaît par intermittence. Mais, surtout, les moyens financiers sont fort différents, et avec eux sans doute la qualité visuelle et l'impact international. De plus, le contexte mondial a bien changé. *Downton Abbey*, n'est-ce pas *Upstairs/Downstairs,* à l'heure de la mondialisation, malheureuse de surcroit ? Dans *Upstairs/Downstairs*, le propos était plus intime, l'ambition moins grande. Il ne s'agissait pas de décrire avec autant d'attention aux décors et costumes le passage entre deux mondes, mais simplement de peindre les rapports sociaux à l'intérieur d'univers clos. Mais, dans les deux séries, le point de passage obligé entre l'univers des maîtres et celui des valets est la figure tutélaire du *butler*.

« Là, tout n'est qu'ordre et beauté, luxe, calme et volupté. » Il suffit de remplacer les deux derniers mots des vers de Baudelaire par ceux de permanence et de stabilité pour entrer dans la demeure qui est la véritable héroïne de la série. Elle est en effet plus qu'un simple décor. Elle est de fait le sujet principal de l'intrigue, son acteur central.

Il y a plusieurs manières de considérer *Downton Abbey*, l'un des produits d'exportation les plus spectaculaires de la culture britannique depuis le succès planétaire des Beatles, il y a près de cinquante ans. On peut le voir comme un *soap opera* edwardien que le monde entier, à l'exception des Britanniques bien sûr, va trouver profondément exotique. Une comédie de mœurs classique, dans la lignée des romans de Jane Austen. Mais *Downton Abbey* peut se lire tout autant comme une défense de la gentry anglaise que comme une explication et illustration des mécanismes qui ont irrésistiblement conduit à son déclin. Son auteur, Lord Julian Fellowes, tire son inspiration d'un roman publié en 1980 par Isabel Colegate, *La Partie de chasse*, qui a été sa source d'inspiration directe, lorsqu'il a écrit le scénario du film de Robert Altman *Gosford Park*, sorti en 2001. Mais il prend également pour modèle son expérience personnelle au sein de l'aristocratie à laquelle il appartient doublement, tant par son père que par sa mère. Ce qu'il décrit avec talent et minutie ressemble à ce qu'il a vécu. Sa mère ne faisait pas tout à fait partie du même milieu aristocratique que son père, et, tout comme Lady Crawley, la maîtresse de

Downton Abbey, était un peu une « parvenue », par opposition à son époux qui est lui au sommet de l'échelle sociale. Il y a grande noblesse et petite noblesse. Dans cet univers figé, les différences hiérarchiques sont aussi prononcées « *Upstairs* » qu'elles peuvent l'être « *Downstairs* », même si elles sont moins visibles. Nous sommes très proches de l'univers de *Pride and Prejudice* (*Orgueil et Préjugés*) de Jane Austen, signe qu'en un siècle et demi rien n'a vraiment changé. Pour utiliser une référence plus française, on est entre l'univers de *La Comédie humaine* de Balzac et celui, plus cruel au niveau des sentiments, et plus secrètement ou ouvertement contestataires au niveau social, que sont les mondes de Marivaux et de Beaumarchais.

Du naufrage du Titanic *au suicide de l'Europe*

Downton Abbey s'ouvre par un événement tragique, le naufrage du *Titanic*. La catastrophe va avoir des conséquences importantes sur le destin d'une famille et le devenir de leur demeure. Qui va à terme hériter d'une propriété dont l'entretien nécessite des moyens considérables, maintenant que son bénéficiaire légitime a disparu dans les eaux glacées de l'océan ? La métaphore est simple et transparente. Avec le *Titanic*, ce n'est pas seulement un bateau qui coule, c'est une société qui bascule et, au-delà, avec la « guerre qui vient », nous sommes en avril 1912, c'est tout l'ordre du monde qui s'apprête à en être bouleversé.

Il y a du Paul Valéry dans le récit de *Downton Abbey* : « Nous autres civilisations, nous savons maintenant que nous sommes mortelles. » Et pour cause, dans les *Regards sur le monde actuel* comme dans la série de la BBC, il y a en point central le grand accélérateur de l'Histoire que constitue la Première Guerre mondiale. Dès la première saison de la série, le château de la famille Crawley est transformé en hôpital pour les blessés de guerre. Des hommes du village vont mourir, d'autres vont être blessés. Lord Crawley lui-même aimerait reprendre du service actif. Mais on le juge trop vieux pour le faire sur le sol de France. Il en souffre amèrement. Passage du temps oblige, il rentre à peine dans le somptueux uniforme qui est le sien, même s'il a encore fière allure. Les jeunes ladies, ses filles, deviennent des infirmières. Les femmes, dans tout le récit, comme dans la réalité historique, sont à la fois le véhicule et le symbole du changement. Les trois filles de Lord Crawley représentent, chacune à sa manière, une quête de liberté. L'émancipation des corps est incarnée par Mary, l'aînée. Elle tombe sous le charme oriental d'un jeune diplomate ottoman qui lui fait perdre sa virginité, dans une scène proche du vaudeville qui s'achève abruptement de manière tragique et est l'occasion d'un des épisodes les plus mélodramatiques et contestables de la série. Plus tard, Mary la scandaleuse entend avant de s'engager dans le mariage « tester sexuellement » l'homme qui lui déclare son amour. L'émancipation des esprits, elle, est le fait d'Edith, qui n'hésite pas à devenir journaliste et à signer ses articles de son nom, au grand désespoir de sa grand-mère, Lady Violet, incarnée avec un talent incomparable par la star féminine de la série, Maggie Smith. Elle se permet même d'avoir un enfant hors mariage, le géniteur disparaissant dans les troubles insurrectionnels qui succèdent à la défaite dans l'Allemagne vaincue : toujours cette insistance sur le rapport entre le destin privé et l'Histoire avec un grand H. Quant à la troisième des sœurs Crawley, la cadette, Sybil, elle s'émancipe par la politique, elle est suffragette. Elle met en harmonie sa pensée et ses actes en épousant le chauffeur irlandais de son père, aux idées radicales et au penchant nationaliste. Les dilemmes identitaires de ce dernier vont constituer un des fils conducteurs de la série. Figure moderne, ouverte et sympathique, où se situe-t-il dans l'échelle sociale ? Va-t-il renier ses origines ou se fondre dans sa nouvelle famille par alliance ? Mais est-ce réellement possible dans un monde qui lui rappellera toujours ses origines et continuera de le percevoir comme un homme du peuple, en dépit de sa descendance, partiellement aristocratique ? Une interrogation sociale qui se double d'un questionnement national. Est-il avant tout un nationaliste irlandais, républicain de surcroît, ou un sujet de « Sa Très Gracieuse Majesté » ?

Du côté de Tocqueville

Certes, sur le plan du décor, du château au jardin, des intérieurs à l'extérieur, on se trouve avec *Downton Abbey* dans un environnement on ne peut plus anglais.

Mais, intellectuellement, philosophiquement, on est « du côté de Tocqueville » dans ce qu'il peut avoir de plus universel, le Tocqueville de *La Démocratie en Amérique*. Il s'agit de l'auteur qui décrit avec un mélange de nostalgie, de sentiment d'inévitabilité et d'appréhension le passage d'un monde dominé par un ordre aristocratique à un autre univers, régi celui-là par un système démocratique. La philosophe Céline Spector, spécialiste de Rousseau et de Montesquieu, a été l'invitée d'une matinée de France Culture consacrée à *Downton Abbey*. Elle souligne dans ce programme avec beaucoup d'érudition, de finesse et d'humour le lien qui peut exister entre le propos de *Downton Abbey* et celui de Tocqueville. Un monde disparaît progressivement, un autre lui succède irrésistiblement. Ce n'est pas le Tocqueville de « l'Ancien Régime et la Révolution » qui souligne la continuité entre les deux périodes historiques qu'elle décrit. On n'est pas non plus dans le palais du prince Salina, héros du *Guépard*. « Il fallait que tout change pour que tout reste le même », fait dire l'auteur à son héros au moment de la scène inoubliable du bal, immortalisée dans le film de Luchino Visconti. On est dans une illustration, sinon une vulgarisation, de « La démocratie en Amérique » transposée dans la Grande-Bretagne du début du XXe siècle.

Comme dans *Les Buddenbrook*, publiés par Thomas Mann en 1901 – et qui valurent à son auteur le prix Nobel de littérature –, il s'agit d'une saga familiale, qui aurait pu s'intituler « Le déclin de la famille Crawley ». Ce que décrit *Downton Abbey*, c'est le passage lent et irrésistible d'un monde à un autre. Le principe aristocratique perd chaque jour de sa force, face au progrès du principe démocratique. Comme la mer qui monte, la démocratie recouvre irrésistiblement les châteaux de sable d'un ordre condamné.

Le discours du roi

Sans dévoiler tous les secrets de l'intrigue, une scène est particulièrement symbolique du propos de *Downton Abbey*. À l'occasion de l'ouverture du British Empire Exhibition à Wembley en avril 1924, George V va, pour la première fois de l'histoire de la monarchie britannique, parler à ses sujets via la TSF. À cette occasion, *Downton Abbey* va faire l'acquisition d'une radio. C'est de manière quasi religieuse que tous les résidents du château, les maîtres comme les serviteurs, vont écouter pour la première fois de leur vie la voix du monarque. Certes, Lord et Lady Crawley ont déjà été présentés à la famille royale. Mais entendre à distance, via la TSF, la voix de leur roi, c'est autre chose. La Grande-Bretagne peut avoir eu la Magna Carta depuis le Moyen Âge et être une monarchie constitutionnelle depuis la deuxième moitié du XVIIe siècle, cette humanisation de la voix du roi à travers la TSF choque les esprits conservateurs. Ainsi tout le monde peut-il avoir accès à la parole du monarque : quelle dangereuse forme de désacralisation…

Les serviteurs, comme le faisait remarquer Tocqueville, sont souvent plus conservateurs que leurs maîtres.

C'est de ces derniers qu'ils tirent leur identité, leur légitimité. Ils sont totalement ce qu'ils font. Ainsi, dans cette scène culte de la série, la Grande-Bretagne de 1924 est-elle presque représentée comme le Japon de 1945. Bien sûr, les circonstances sont moins dramatiques : on n'est pas après Hiroshima et Nagasaki. George V n'est pas un dieu vivant comme pouvait l'être Hirohito, l'empereur du Japon, descendu de son piédestal après le feu atomique pour concéder, par le biais de la radio, la défaite de son pays.

Mais il y a dans cette scène, qui évoque aussi par sa thématique la conclusion du très beau film *Le Discours d'un roi de* Tom Hooper, avec Colin Firth dans le rôle de George VI, comme la description d'un moment historique clé. Ainsi, grâce aux progrès de la technique, la voix du roi peut-elle atteindre tous les foyers. Il n'y a pas eu en Grande-Bretagne comme en France de Nuit du 4 Août. Les privilèges de l'aristocratie n'ont pas été symboliquement abolis par un vote des représentants de la Nation, mais par l'effet d'une révolution sourde et lente qui est à l'œuvre sous nos yeux dans la série, épisode après épisode. Une transition qui passe par les détails, du premier toaster électrique à l'apparition de ce média démocratique qu'est la radio de famille, sans oublier le téléphone ou, au tout début de la série, l'automobile, qui va jouer un rôle si dramatique, puisque, dans l'évolution du récit, un de ses héros disparaîtra. Rendre le roi plus proche, plus humain, n'est-ce pas détruire l'essence même de la monarchie ? Aussi Lord Crawley et Carson, son fidèle *butler*, vont-ils être les premiers à se lever quand le roi, via la radio, va commencer à s'adresser à eux. Si tout le monde peut écouter ensemble le roi, cela veut dire qu'il existe une porosité toujours plus grande entre le Haut et le Bas de la société. La séparation stricte entre les ordres – c'est le thème de la série – s'érode sous nos yeux ou, pour le moins, se réduit comme une peau de chagrin.

Le gardien du Temple face aux bouleversements de l'ordre du monde

Les Américains sont, à l'origine, des Anglais, nous rappelait Tocqueville dans *La Démocratie en Amérique*. Dans *Downton Abbey*, les Britanniques ne sont-ils pas, par étapes, en train de devenir des Américains sous les yeux des passionnés de la série ? La pénétration progressive de l'esprit démocratique « américain » à travers l'espace aristocratique « anglais » est favorisée, accélérée même, par les origines américaines de Lady Crawley. Lord Crawley aime son épouse, c'est incontestable, même s'il existe de part et d'autre une certaine lassitude et des tentations extraconjugales, qui peuvent aller plus ou moins loin. Sur ce plan, l'égalité entre les sexes est loin d'être une réalité, au moins dans l'univers de *Downton Abbey*, qui autorise plus de liberté à l'homme qu'à la femme... Mais Lord Crawley n'a-t-il pas épousé cette riche héritière américaine, moitié juive de surcroît, pour assumer une partie au moins des charges de *Downton Abbey* ? (Combien de grandes familles aristocratiques françaises ont fait de même dans la deuxième moitié du XIXe siècle ? Pourtant, la mère de l'épouse de Lord Crawley, Martha Levinson (incarnée par Shirley MacLaine), n'est pas prête à engloutir la fortune de sa famille dans le gouffre financier que représente *Downton Abbey*. « Le monde a changé, ces maisons ont été conçues pour un autre âge », dit-elle avec une franchise, sinon une brutalité, très américaine. Le domaine est condamné, à moins qu'il ne s'adapte de manière radicale aux principes du capitalisme moderne. Face à ce dilemme : s'adapter ou mourir, les plus conservateurs ne sont pas nécessairement ceux d'« en Haut ». De fait, celui qui incarne le mieux le refus du changement et la défense de l'idéologie aristocratique, c'est Carson, le *butler*. Personnage le plus charismatique de la série – comme peut l'être souvent le *butler*, dans la réalité de la vie des grandes maisons britanniques (j'en ai moi-même été le témoin à de nombreuses reprises dans ma vie professionnelle) –, Carson est le « gardien du Temple ». On apprendra qu'il l'est d'autant plus qu'avant d'avoir été *butler* il a été acteur et danseur de music-hall. « Le serviteur se transporte tout entier dans son maître ; c'est là qu'il se repaît sans cesse d'une grandeur empruntée… Ce qui était orgueil chez le premier devient vanité puérile et prétention misérable chez les autres », écrivait Tocqueville dans *La Démocratie en Amérique*. Sa famille, c'est son maître. On dirait de lui qu'il est plus monarchiste que le roi. C'est que, sans ce masque social qui est le sien en permanence, il n'est plus rien. Que va-t-il devenir dans une société démocratique dont le principe n'est plus l'honneur, mais la conscience morale entre égaux ?

Ne risque-t-il pas de devenir ridicule, même s'il exerce sa fonction avec « grandeur » ? Au moment où le monde est « nivelé » par l'égalité, comment refuser de parler d'argent – c'est vulgaire et cela ne se fait pas –, alors que c'est la clé unique, le seul moyen pour garder *Downton Abbey* dans la famille Crawley ? C'est ce qu'a bien compris le chauffeur irlandais de Lord Crawley, devenu son gendre, qui va tout faire pour convaincre son beau-père de consentir les sacrifices nécessaires à la modernité pour pouvoir conserver la propriété. Il faut s'adapter ou vendre…

Dans cette période de transition douloureuse entre deux mondes, au-delà de « Mister Carson », il existe un personnage qui sort du lot. Il s'agit de Lady Violet, la mère de Lord Crawley. Elle est tout en ironie et en dureté apparente. Derrière son snobisme, son humour acéré : « Les serviteurs sont des êtres humains comme les autres, mais de préférence les jours de congé », se cache en fait une grande lucidité. Elle n'aime peut-être pas la révolution silencieuse à laquelle elle assiste en spectatrice impuissante, mais elle n'est pas dupe. Elle a tout compris, mieux et plus vite, sans doute, que son fils Lord Crawley. Gardienne des conventions, des apparences, redoutant avant tout le scandale, et ce en particulier face aux domestiques, elle sait bien que « son » monde est condamné et que la démocratisation des conditions de vie des serviteurs est inscrite dans l'esprit du temps. Alors, elle aussi joue un rôle. N'a-t-elle pas eu une brève aventure extra-maritale avec un prince russe que la révolution a condamné à la misère et à l'exil et qui, en réapparaissant, donne une touche d'humanité supplémentaire à son personnage ? Elle aussi a pu aimer et souffrir et a été bien près de sacrifier ses principes et son honneur à la passion, tout autant charnelle que sentimentale. En fait, pour elle – comme paradoxalement nous l'avons vu dans le chapitre précédent, avec les héros de *Game of Thrones* –, ce qui compte avant tout, c'est la famille. La famille comme principe d'ordre et principe de loyauté l'emporte sur tous les autres.

Le monde monte à l'assaut du château

Comme les vagues érodent lentement les digues construites le long de la mer, les nouvelles du dehors affleurent, assiégeant lentement le domaine qui voudrait échapper à l'épreuve du réel. C'est d'abord la guerre, puis la révolution en Russie, les désordres en Allemagne après la défaite, puis le changement politique en Grande-Bretagne même. Un socialiste, Ramsay McDonald, n'est-il pas devenu Premier ministre : un rouge au 10, Downing Street, la résidence du Premier ministre au cœur du quartier des ministères à Londres…

N'est-ce pas le symbole le plus fort de la fin d'une époque, le révélateur de la fin programmée d'un monde qui n'a pas su s'adapter au changement ?

Downton Abbey
ou les sources du déclin de l'Occident ?

Au-delà de Tocqueville, *Downton Abbey* peut être aussi perçue comme une réflexion d'une grande actualité sur les transformations géopolitiques qui interviennent aujourd'hui sous nos yeux dans le monde. Il suffit pour ce faire de remplacer la famille Crawley par le monde occidental dans son ensemble. Les vagues qui progressivement érodent les digues métaphoriques construites autour de la demeure viennent désormais du Moyen-Orient et d'Asie.

Comment expliquer autrement le succès planétaire de la série ? *Downton Abbey* serait-elle devenue aux séries ce que les opéras de Mozart sont à l'opéra ? C'est bien sûr une question de goût. Tout le monde n'est pas sensible au charme un peu désuet de la campagne anglaise, à la démultiplication et à l'entrelacs d'intrigues qui, pour certaines, sont « à l'eau de rose » et pour d'autres ne sont pas toujours très convaincantes.

Alors que l'univers qui nous entoure apparaît si chaotique, si anxiogène dans son mode de fonctionnement, s'agirait-il, pour les Occidentaux dans leur ensemble, Britanniques, Européens et même Américains, de l'expression de la nostalgie pour un temps où la Grande-Bretagne, l'Europe, si ce n'est les États-Unis même, pouvaient encore se percevoir comme le centre du monde ? À l'époque de *Downton Abbey*, l'Empire britannique couvrait une bonne partie du monde, de l'Asie au Moyen-Orient sans oublier le continent africain. « Nous » dictions « notre » histoire à des peuples colonisés. Comme par un effet de boomerang, et il y a bien sûr une relation de cause à effet, c'est l'inverse qui se produit désormais, au moins pour partie. Daech ne nous dicte pas notre histoire mais intervient de la façon la plus tragique et la plus brutale dans notre existence. Le succès de *Downton Abbey* dans le monde occidental traduirait-il la nostalgie d'un monde qui, rétrospectivement, paraîtrait presque rassurant ? Au moins, à l'époque où nous nous autodétruisons, personne ne le faisait pour nous…

La réalité semble plus complexe. Il y a bien sûr une fascination pour l'exotisme des décors, des costumes, des accessoires. Tout un chacun peut, sans risque pour le budget familial, mener une « vie de château » à travers les épisodes de *Downton Abbey*. L'évolution de la mode féminine au fil des saisons de la série souligne, tout autant que les inventions technologiques, le passage du temps. Le corps de la femme se libère au rythme des progrès du principe démocratique.

Il existe, en Grande-Bretagne même, un débat, de nature culturel et politique, autour de la vogue, insensée pour certains, de *Downton Abbey* (la *Downton Abbey*mania). À la gauche de l'échantillon politique anglais, on a tendance à critiquer une vision idéalisée de la réalité des rapports sociaux dans la Grande-Bretagne de la première moitié du XXe siècle. Pour un Lord Crawley humaniste, généreux, responsable, tendre même, un peu paternaliste aussi, combien de maîtres égoïstes, distants, autoritaires et viscéralement réactionnaires ? Bref, à la gauche de l'échantillon politique, on dénonce une vision romantique et aseptisée des rapports sociaux qui cache les réalités de la lutte des classes. Une réalité qui persiste encore aujourd'hui au sein d'une société divisée plus que toute autre en Europe par la langue. Les élites se reconnaissent immédiatement par leur manière de s'exprimer dans une société qui, en dépit du nivellement par le bas, en raison de la pression fiscale, demeure plus visiblement, plus profondément inégalitaire en Grande-Bretagne que dans tout autre pays européen.

La démocratie britannique peut bien sûr être un modèle sur le plan politique. Contrairement à la France de la Ve République, au sein de l'exécutif pouvoir symbolique et pouvoir réel sont distincts dans un système de monarchie constitutionnelle bien huilé. Au monarque le pouvoir symbolique, au Premier ministre le pouvoir réel. En France, ces deux pouvoirs sont exercés par une seule et même personne, le président de la République, avec parfois des conséquences fâcheuses sur la légitimité du pouvoir. De 2007 à 2012, le président Nicolas Sarkozy était sans doute globalement un bon Premier ministre, mais une « reine d'Angleterre » très problématique. Autrement dit, il « incarnait » mal le pays. Mais c'est une chose de vanter sur un plan « politique » les mérites de la monarchie constitutionnelle « à l'anglaise », c'en est une autre de reconnaître ses limites sur le plan social. Et là, le bât blesse. *Downtown Abbey* traduit pour beaucoup la nostalgie d'un ordre qui est loin d'avoir totalement disparu. Mais, précisément pour cette raison, la série peut aussi être perçue comme une critique au moins en creux du présent d'une société qui combine flexibilité économique et rigidité sociale.

J'avais vu il y a une dizaine d'années à Washington une exposition sur « La grandeur des résidences de campagne en Grande-Bretagne » (*The Greatness of British Country Homes*). Mais, derrière cette description flatteuse de l'élégance et de la stabilité de la vie des élites à l'époque victorienne, n'y avait-il pas une autre réalité, qui l'était beaucoup moins ? De nombreux Britanniques, sans avenir dans le Royaume-Uni, laissés sur le carreau par les multiples phases de la révolution industrielle, n'avaient-ils pas été contraints de traverser les océans pour tenter leur chance dans un Empire qui en son centre ne voulait pas d'eux ? Derrière les images à la Jane Austen, il existait le monde de Charles Dickens. La série évoque furtivement l'autre côté du miroir, en décrivant la grande misère physique et morale du monde d'en bas, dans des scènes qui pourraient être sorties d'*Oliver Twist*. Des bas-fonds de Londres aux scènes de prison dans laquelle se retrouve un couple de serviteurs de la famille Crawley qui n'ont fait que défendre l'honneur de son épouse pour l'un, le courage de son mari pour l'autre. Il était important pour Julian Fellowes, le scénariste de la série, de ne pas être accusé de se contenter de trop « de sucreries et de mièvreries ». Grâce à ces scènes un peu glauques de la réalité sociale anglaise, il peut se tourner vers son audience et lui dire : « Je ne suis pas dupe, je sais qu'il existe un revers de la médaille, que la vie à *Downton Abbey* est artificielle et ne représente qu'une infime portion de la société. » Mais le spectateur sent bien que le cœur n'y est pas et que Julian Fellowes est plus à l'aise dans les salons de l'aristocratie que dans les bas-fonds de Londres.

L'Empire a peut-être épargné à la Grande-Bretagne les développements sociaux et politiques que lui promettait Karl Marx au milieu du XIXe siècle. Mais ce que décrit et explique *Downton Abbey*, à l'encontre du propos du scénariste lui-même, n'est-ce pas moins la grandeur de la Grande-Bretagne que les raisons en profondeur de son déclin ? Il y a une lecture, sur le mode de la critique sociale, de la vie dans les châteaux et les manoirs de la campagne anglaise. Trop d'inégalités tuent le futur, même si un minimum de réforme appliquée à temps peut contribuer à prévenir les révolutions, comme le pensait le comte Cavour, le père de l'unification italienne au XIXe siècle.

À la droite de l'échiquier politique britannique, en revanche, on serait à l'inverse tenté de dénoncer le portrait trop positif fait du monde des serviteurs dans *Downton Abbey*. N'est-ce pas là encore une idéalisation ? Pour un *butler* et une cuisinière satisfaits, combien de jalousies, de ressentiments, sinon de trahisons, au sein d'un monde lui aussi caractérisé par une lutte des classes à l'intérieur du monde d'en bas ?

De part et d'autre, à gauche comme à droite, on se retrouve en fait dans une critique commune de l'évolution trop « à l'eau de rose » de l'intrigue, qui rapproche parfois la série des *soap operas* de la télévision brésilienne ou italienne. La série ne rappelle-t-elle pas, surtout dans ses saisons intermédiaires, les feuilletons pour « midinettes » du siècle passé ? « Aucun intellectuel digne de ce nom ne saurait perdre son temps à regarder de telles inepties », me déclarait sévèrement un ancien Lord Chief Justice d'Écosse. Mais son rapport à la série était beaucoup plus ambigu qu'il ne voulait le laisser paraître. Il connaissait trop bien les subtilités de l'intrigue, était trop content d'échanger sur ce sujet pour n'avoir pas lui-même succombé à la tentation, et ce plus d'une fois.

De l'Asie à l'Amérique.
À chacun son Downton Abbey

En effet, cette intrigue qui, il faut bien le reconnaître, donne souvent des signes de faiblesse n'empêche pas *Downton Abbey* d'être un succès planétaire qui transcende les continents, les nationalités, les cultures et les différences entre classes sociales.

Le magazine américain *Vanity Fair* rapportait en octobre 2013 qu'un groupe de touristes asiatiques s'était agglutiné autour de « Mister Carson », alors que l'acteur jouant son personnage, Jim Carter, se promenait le long du Mékong au Cambodge. Que peut représenter *Downton Abbey* vu par des Asiatiques ? Si l'Europe est en train de devenir pour beaucoup d'entre eux un musée de l'Art de vivre, une représentation de ce que signifie le « savoir-vivre », alors *Downton Abbey* peut être perçue comme la meilleure des confirmations possibles de cette vision muséifiée de l'Europe. De même que les Asiatiques fortunés souhaitent participer au Concert du Nouvel An ou au Bal de l'Empereur à Vienne, ils sont très nombreux, toutes classes sociales confondues, à regarder avec curiosité, sinon avec passion, l'évocation d'un passé qui leur semble plus raffiné que n'était le leur, il y a moins d'un siècle.

Et ne sont-ils pas secrètement satisfaits de voir non un monde, mais la description de la fin d'un monde qui les a dominés hier et qu'ils sont en train de dépasser économiquement aujourd'hui ? Pour certains d'entre eux au moins, ce n'est plus seulement de la curiosité, c'est de l'humiliation transcendée. « Vous pouvez bien célébrer votre passé, le futur nous appartient. » J'avais éprouvé une telle impression à Cambridge aux États-Unis en 2009. Les Asiatiques que je voyais en très grand nombre à Harvard et au MIT me donnaient parfois l'impression d'être à Athènes au IIe siècle avant Jésus-Christ. Les citoyens romains qui se promenaient autour de l'Acropole avaient ce même sentiment, fait de respect pour la grandeur d'un monde sur le point de disparaître mêlé à une confiance en eux-mêmes et à leur capacité de gérer le futur. « C'est à moi maintenant, mon tour est venu. »

Un tel ressenti pourrait être une des clés du triomphe de *Downton Abbey* en Asie. La série décrirait ainsi un monde que les Asiatiques s'apprêtent à dépasser sans états d'âme, mais qui peut encore servir de modèle en matière de goût et de mode, sinon tout simplement faire rêver.

Si l'on retraverse le Pacifique de l'Asie vers l'Amérique, la vision change tout naturellement.

Aux États-Unis, Hillary Clinton, principale candidate du Parti démocrate à l'élection présidentielle de 2016, ne cache pas son engouement pour la série britannique et se voit même reprocher de s'être inspirée de ses décors pour son nouveau bureau. Sa volonté de rendre son image plus humaine, sinon plus féminine, se heurte aux critiques qui lui sont faites d'être trop fascinée par l'argent, tout comme son mari, l'ancien président Bill Clinton. Après Lady Crawley, Lady Clinton…

Cette identification qui est faite en Asie entre l'Europe dans son ensemble et la série britannique peut choquer de nombreux Anglais, surtout ceux favorables au Brexit, c'est-à-dire au départ de la Grande-Bretagne de l'Union européenne. Elle n'en correspond pas moins à la réalité. C'est en Europe continentale ou aux États-Unis que l'on perçoit le côté « *so British* » de *Downton Abbey*. Mais il n'en demeure pas moins qu'aux États-Unis la série peut aussi évoquer l'œuvre de Henry James ou celle d'Edith Wharton et traduit une fascination pour l'Europe qui a complètement disparu sur un plan politique mais peut subsister encore sur un plan culturel, comme sous la forme d'un clin d'œil nostalgique au passé. « Il fut un temps où, pour nous Américains, le raffinement et la culture venaient d'Europe, et où le rêve des élites WASP (*White Anglo-Saxon*

Protestant) était de ressembler le plus possible à l'Europe. » Un tel sentiment a presque complètement disparu dans la réalité. Dans sa nouvelle composition hispanique, asiatique... l'Amérique, qui ne rêve plus d'Europe, peut encore le faire dans le cadre imaginaire d'une série comme *Downton Abbey*.

Entre l'univers de Julian Fellowes (*Downton Abbey*) et celui de George R. R. Martin (*Game of Thrones*), on est passé brutalement de la nostalgie de l'ordre à la fascination pour le chaos et la violence, bref, pour le résumer autrement, de l'univers de Tocqueville à celui de Hobbes. Mais ces deux séries décalées dans le temps et dans l'espace sont toutes deux des réflexions sur l'évolution de l'ordre du monde dans son ensemble.

Avec les deux séries qui vont suivre, *Homeland* et *House of Cards*, on va quitter le Moyen Âge caricaturé ou l'Angleterre idéalisée pour l'Amérique elle-même. Là encore, ces deux séries peuvent être perçues comme un ensemble cohérent et complémentaire. D'un côté, avec *Homeland*, on traite du rapport de l'Amérique au monde, même si le sujet est l'impact du monde sur l'Amérique et sur le comportement de ses citoyens. De l'autre côté, avec *House of Cards*, on aborde la thématique de l'Amérique face à elle-même. La menace ne vient plus de l'autre, mais de soi et de la dérive de ses institutions démocratiques.

IV

Homeland
ou l'Amérique face au terrorisme

Les images se succèdent, volontairement confuses. Certaines sont en noir et blanc, d'autres en sépia, les dernières, plus rares, en couleur. Un kaléidoscope d'images. Les présidents américains défilent sur l'écran, de Bill Clinton à Barack Obama. On voit Colin Powell faire à l'ONU le fameux discours, auquel répond Dominique de Villepin, annonçant que l'Amérique détient les preuves (elles se révéleront erronées) que le régime de Saddam Hussein détient des armes de destruction massive.

Les portes de la guerre en Irak sont sur le point de s'ouvrir. Sur l'écran, ce sont maintenant les principaux héros de la série qui sont introduits brièvement. Leurs portraits se succèdent. Une petite fille apparaît, tenant dans ses bras un animal en peluche, sorte de chat-lion plus inquiétant que rassurant. Un jardin en labyrinthe, dans lequel la jeune héroïne semble se perdre, ajoute à l'impression de confusion et d'angoisse. Le tout culminant avec les scènes iconiques des avions qui s'écrasent sur les tours de Manhattan. Personnages réels, héros de la fiction, événements qui se sont déroulés, évocation de scènes de la série s'enchevêtrent dans un maelström d'images dont l'apparent désordre ne semble viser qu'à une fin : démontrer que la fiction se nourrit de la réalité, mais que la réalité elle-même n'est encore qu'un rêve – dans le cas d'espèce, plutôt un cauchemar éveillé – dont collectivement personne n'est encore sorti. La musique forte, obsédante même, ne fait qu'ajouter au malaise général. Bienvenue dans l'univers de *Homeland*.

De la bipolarité géopolitique à la bipolarité psychiatrique

L'héroïne de la série, Carrie Mathison, l'espionne bipolaire la plus populaire de l'histoire, ne ferait-elle que refléter le trouble psychique profond dans lequel l'histoire récente a plongé l'Amérique ? Ne sommes-nous pas tous devenus collectivement « un peu bipolaires » (je suis bien conscient que, sur un plan purement psychiatrique, la formule n'a pas de sens), profondément soupçonneux, sinon paranoïaques ?

Et tout cela, bien sûr, depuis l'effondrement des tours de Manhattan ?

Dans *House of Cards*, que nous analyserons dans le prochain chapitre, l'Amérique met en scène la dérive de ses institutions politiques à travers la perversité machiavélique des hommes et des femmes qui accèdent au pouvoir. Dans *Homeland*, ce qui est décrit de manière clinique, c'est la dérive des esprits sous l'effet de la peur. Autrement dit, l'ennemi ne vient pas seulement de l'intérieur, par l'intermédiaire d'un soldat libéré après huit années de captivité et qui a été « retourné » par nos adversaires. La menace peut aussi bien être le produit de nous-mêmes, par l'intermédiaire d'une maladie qui prend le contrôle de nos cerveaux et de nos corps. Une maladie de l'âme d'autant plus insidieuse que ses manifestations ne sont pas toujours reconnaissables par le commun des mortels.

Le mot de bipolarité désignait hier la nature du système international à l'heure de la guerre froide : deux acteurs, les États-Unis et l'URSS, à la tête de leurs blocs respectifs, se disputaient un monde fondé sur l'équilibre de la terreur. Pour reprendre la célèbre formule du philosophe français Raymond Aron, déjà évoqué plus haut, « la paix était impossible, la guerre improbable ». Divisés de manière irréconciliable par leurs idéologies, ces deux blocs étaient unis par la peur de l'atome. Il existait des règles du jeu, comprises et appliquées avec plus ou moins de rigueur et de talent par tous. Le monde était, au vu de ce qu'il est devenu aujourd'hui, exceptionnellement, sinon presque artificiellement, simple. Le nombre des acteurs restait limité, avec des héros principaux clairement définis. Un monde qui correspondait à celui du cinéma. On ne peut pas s'attacher à trop de héros dans l'univers des films. Le monde actuel, avec l'explosion du nombre de ses acteurs, est en parfaite adéquation avec l'univers des séries. Il y a des héros, des sous-héros en très grand nombre, qui se succèdent à un rythme rapide. Hier, on parlait d'Al-Qaida, aujourd'hui on se concentre sur Daech, et l'on pourrait enchaîner ainsi les exemples de la multiplication des acteurs dans le monde réel comme dans celui des séries.

La bipolarité géopolitique n'existant plus, dans l'univers de *Homeland*, le mot de bipolarité ne peut plus faire référence à la nature du système international. Il désigne désormais une maladie de l'âme que l'on ne reconnaissait pas toujours hier, ou que l'on qualifiait, de manière assez vague, sous le terme de dépression.

Le 11 septembre aurait-il généré aux États-Unis une forme de paranoïa maniaco-dépressive dont *Homeland* est l'illustration directe la plus révélatrice ? Toutes les périodes de guerre créent l'obsession du soupçon. « Méfiez-vous, taisez-vous, des oreilles ennemies vous écoutent. » Durant les deux guerres mondiales, la Première comme la Seconde, des campagnes d'avertissement, via des appels publicitaires de toutes formes (messages radio, affiches placardées sur les murs, annonces dans la presse), mettaient en garde les citoyens contre la présence d'espions au sein du territoire national. L'ennemi n'était pas seulement à l'extérieur, prêt à bondir sur nous à la moindre opportunité, pour nous envahir. L'ennemi était déjà à l'intérieur. Il pouvait être notre voisin de palier, il pouvait être un membre de notre propre famille. Il fallait être en éveil vingt-quatre heures sur vingt-quatre. Des informations essentielles pouvaient nous échapper, prêtes à tomber dans des oreilles hostiles. Qui était un résistant ? Qui un collaborateur ? Une série française de grande qualité, *Un village français*, décrivait récemment la difficulté qu'il y avait parfois à reconnaître le bien du mal et les passerelles complexes qui pouvaient exister au fil du temps entre ces deux identités. Un très beau film de Louis Malle, *Lacombe Lucien*, avait déjà exploré ce thème dès 1974. La guerre froide elle aussi allait s'accompagner inévitablement d'un climat de suspicion que traduit de manière spectaculaire la série *Les Américains*.

Il s'agit de l'histoire, parfaitement plausible et inspirée pour partie au moins de faits réels, d'un couple d'espions soviétiques, « plantés » par le KGB sur le territoire des États-Unis. Le créateur et producteur de la série, Joe Weisberg, est lui-même un ancien agent de la CIA. La thématique des *Américains* est bien sûr historique. Mais, réalisée en 2013 pour la première série, le choix de cette thématique traduit aussi le fait qu'aux États-Unis le passé a beaucoup de mal à passer. Plus de dix ans après les attentats du 11 Septembre, l'Amérique vit toujours entourée d'un climat de peur. Le passé récent se nourrit d'un passé plus ancien, celui de la guerre froide, et d'un présent plus inquiétant et plus anxiogène encore, celui de la lutte contre le terrorisme. Tout comme hier votre voisin pouvait être un espion à la solde de l'URSS, il peut aujourd'hui être un terroriste en puissance. Il ne cherche plus seulement à vous espionner, il est là pour vous tuer et pour exercer le maximum de dommages possible sur le territoire des États-Unis. Lors de la deuxième Intifada, qui commence au Moyen-Orient en 2000, la révolte des pierres a laissé place à l'utilisation des bombes humaines, les armes les plus intelligentes qui soient, celles qui se déclenchent sciemment lorsqu'elles peuvent faire le plus grand nombre de victimes. Il en est ainsi puisque les yeux de la bombe sont ceux de l'homme qui a ceint son corps d'une ceinture d'explosifs.

Un soldat libéré, retourné contre son camp, peut ainsi devenir lui aussi une bombe humaine et passer brutalement du rôle de héros à celui de bourreau.

La menace provient-elle du cœur du système ?

Les premières images de la saison 1 résument le contenu de l'intrigue et distillent le climat angoissant et le rythme haletant de la série. Un rythme qui, au fil des saisons, pourra devenir répétitif, sinon artificiel, mais qui n'empêchera pas la série, en dépit de ses longueurs, de se renouveler et de retrouver comme un nouveau souffle.

Nous sommes dans les rues de Bagdad. L'héroïne que l'on découvre ainsi (elle est interprétée avec talent par l'actrice Claire Danes) est en communication téléphonique avec son supérieur direct, le directeur adjoint de la CIA. Un prisonnier du gouvernement irakien va être exécuté. Les États-Unis lui ont-ils promis la vie sauve en échange d'informations essentielles pour la sécurité de l'Amérique ? Si cette hypothèse correspond bien à la réalité, la série – raison d'État oblige – s'ouvrirait-elle par une trahison ? Washington ne veut pas s'opposer à la décision des autorités de Bagdad. Le prisonnier va mourir malgré tous les efforts et les supplications de Carrie. Mais, avant d'être exécuté, il va lui glisser à l'oreille une information essentielle. Un soldat américain prisonnier des djihadistes a été retourné contre son camp. Quelques images plus tard, la CIA annonce triomphalement à ses agents qu'un soldat américain, captif des terroristes depuis de longues années, a été libéré un peu par hasard par l'armée américaine dans une opération en Irak. Faut-il le traiter comme un héros, symbole de la résilience américaine, ou s'en méfier, comme le suggère Carrie à certains de ses supérieurs ? Ne pourrait-il être le soldat qui a été retourné ? La menace, étape supplémentaire dans la montée d'une culture de peur, provient ainsi du cœur même de l'armée américaine. En pleine guerre froide, la menace ne se trouvait-elle pas au sein même de la diplomatie britannique, avec des hommes comme Anthony Blunt et Kim Philby, qui, pendant la Seconde Guerre mondiale et les débuts de la guerre froide, avaient choisi de servir l'ennemi soviétique pour des raisons idéologiques ? La cause du peuple hier, celle d'Allah aujourd'hui. Le socialisme hier, le fondamentalisme aujourd'hui.

Des hommes raffinés et cultivés sortis de l'université de Cambridge hier, un soldat beaucoup plus simple, sinon fruste, issu de la classe moyenne aujourd'hui. Ironie des castings des séries, le sergent Nicholas Brody est joué par Damian Lewis, qui, dans une autre série, britannique celle-là, *Wolf Hall*, incarne un Henry VIII tout à fait crédible, même si le spectateur a quelque difficulté à passer de l'un à l'autre. Que vient faire le sergent Brody dans l'accoutrement d'un monarque de la Renaissance ? Comment peut-il sortir d'un tableau de Hans Holbein un jour et se retrouver en marine le lendemain ? S'agit-il d'une croyance très hindouiste dans le principe de la réincarnation, grâce auquel un soldat abusé se transformerait en monarque abusant de son pouvoir, et vice versa ?

Le sergent Brody ne pourrait être plus différent des personnages réels qu'ont été Blunt et Philby. Ces derniers appartenaient à l'élite. Ils étaient cultivés, aristocrates, homosexuels, en révolte contre leur pays, leurs valeurs, sinon contre eux-mêmes. Brody, plus simple, plus « rustique », est le héros américain par excellence, le soldat courageux mais malheureux que des personnalités politiques vont choisir – à des fins partisanes et politiciennes – de donner comme modèle à l'ensemble d'une société en quête de références dans cette période particulièrement troublée de l'histoire du pays. Un héros peut-être retourné contre son camp, des hommes et des femmes politiques peu glorieux, des couples fragiles qui n'ont pas résisté à la séparation, des enfants profondément troublés, le portrait qui est dressé de l'Amérique, publique comme privée, est loin d'être flatteur. N'est-ce pas le portrait d'une société elle aussi dysfonctionnelle, comme a pu le devenir son système politique ? En ce sens, *Homeland* et *House of Cards* apparaissent, et c'était déjà le cas de *Game of Thrones* et *Downton Abbey*, comme les deux faces complémentaires d'une même réalité.

Pour comprendre l'état de trouble dans lequel se trouve l'Amérique en 2015, il est impératif de voir consécutivement, sinon de manière alternée, ce qui pourrait troubler le spectateur – *Homeland* et *House of Cards*.

La problématique de *Homeland* – et si l'ennemi venait de l'intérieur, et s'il était nous ? – a bien sûr pris une crédibilité, sinon une légitimité, plus grande aux lendemains des attentats de Londres en 2005, sans parler des assassinats de Toulouse en 2012 et de Paris en 2015, mais aussi de l'attentat de Fort Hood aux États-Unis, où un médecin psychiatre d'origine arabe va tuer lui aussi des personnes « de son propre camp », et tout récemment l'attentat terroriste de San Bernardino. Dans tous ces cas, les meurtriers sont des citoyens britanniques, français et américains. Pourquoi des soldats américains ne pourraient-ils devenir des terroristes en puissance, agissant en toute impunité sur un territoire qui est le leur, des cas qui se sont déjà produits ? L'histoire est tout à fait plausible, même si ses développements apparaissent parfois tarabiscotés.

La confusion des sentiments et des identités

Toute la série – au moins jusqu'à la fin de la saison 3, pour des raisons qu'il ne m'appartient pas de révéler – joue sur le rapport entre cet otage libéré, le sergent Brody, et cette agente bipolaire de la CIA, Carrie Mathison, qui le soupçonne dès le premier jour mais va tomber amoureuse de lui, à travers la surveillance illégale qu'elle met en place sur sa vie privée. « Voyeuriste » par devoir, mais finalement peut-être aussi par plaisir, elle se trouve – conflit cornélien par excellence – prisonnière, partagée entre son intuition sécuritaire et son attraction sentimentale, sinon sexuelle. On n'est pas loin d'une version modernisée des relations dans *Le Cid* entre Chimène et Rodrigue, avec bien sûr une différence majeure, Rodrigue/Brody n'a pas tué le père de Chimène/Carrie, mais peut entraîner la mort de très nombreux citoyens américains...

Femme bipolaire mais libérée, Carrie, de manière récurrente, au fil des saisons, va utiliser son corps comme un instrument au service de son pays, à moins que ce ne soit l'inverse et qu'elle n'utilise en fait le prétexte de la sécurité de son pays pour assouvir ses passions et ses pulsions personnelles ?

Nous apprenons dès les premières scènes de la série, lorsqu'un de ses collègues chargé de la surveiller découvre la nature des médicaments qu'elle prend, que Carrie est bipolaire. Tout le monde suspecte et contrôle tout le monde dans l'univers de *Homeland*, dans une atmosphère qui n'est pas sans rappeler le film des années 1970 *Les Trois Jours du Condor*. La bipolarité personnelle de Carrie Mathison a pour objet, bien sûr, de faire écho à la bipolarité identitaire, semble-t-il, des émotions nationales et religieuses du sergent Brody. Qui sert-il vraiment, qui entend-il tromper, son vieux pays ou sa nouvelle religion ?

Est-il manipulé ou est-ce lui qui manipule ? Brody, on va le découvrir très vite, s'est converti à l'islam. Est-il un agent double au sens classique du terme, ou une victime des événements, ballottée d'une identité, d'une fidélité à l'autre ? Est-il la traduction du syndrome dit de Stockholm, selon lequel des otages deviennent dépendants psychologiquement, sinon affectivement, de leurs ravisseurs ? Confusion des sentiments personnels et confusion des loyautés politiques s'entremêlent dans une construction au rythme échevelé. Tout comme dans la série israélienne dont elle s'inspire – *Prisonniers de guerre* (*Hatufim*) –, le héros a développé lors de sa captivité une relation affective avec le jeune fils d'un de ses geôliers, qui sera une « victime collatérale » des bombes américaines. Une thématique qui sert de fil conducteur, sinon de point commun, à toutes les séries, de *House of Cards* à *Homeland* en passant par *The West Wing* (*À la Maison-Blanche*), comme si l'Amérique était obsédée par une supériorité technologique qui lui permet de disposer de ses adversaires – mais à quel coût et à quel prix ? Existerait-il comme une contradiction existentielle entre le mythe du citoyen qui, grâce à son arme, peut assumer seul sa sécurité – au prix d'une mortalité par armes à feu qui n'a rien à voir avec celle d'un pays civilisé et démocratique et rapproche l'Amérique du Brésil – et ces instruments de mort qui, tout comme les armes de poing de plus en plus sophistiquées et puissantes, font des victimes innocentes de plus en plus nombreuses ? Mais s'il existe aux États-Unis, à travers les séries télévisées, un débat sur les victimes collatérales, y a-t-il un traitement équivalent pour les centaines de victimes innocentes des tireurs fous dans les écoles et les universités ? On peut s'attaquer aux dérapages du Pentagone, mais pas mettre en accusation la National Rifle Association – il y a des tabous auxquels il est difficile de toucher.

Homeland *et la culture de peur américaine*

En fait, *Homeland* semble le produit le plus révélateur et le plus typique d'une culture de peur qui précède aux États-Unis la tragédie du 11 septembre 2001, mais s'enfle de manière spectaculaire depuis. S'il est en effet une série dont on peut dire qu'elle traduit la rencontre entre le temps du monde et le temps des séries, c'est bien *Homeland*. Trop passive, trop confiante en elle-même face à la menace terroriste avant le 11 septembre 2001, l'Amérique va surréagir après les événements tragiques avant de s'interroger sérieusement sur la rationalité, sinon la moralité de ce qu'elle fait. Et avec Obama, ironie de l'Histoire ou vision cyclique de celle-ci, l'Amérique va à nouveau sous-estimer la montée des périls jusqu'à se trouver prise de court face à la transformation de la menace. On peut de fait voir les dernières saisons de *Homeland* comme une des clés de lecture de la passivité initiale de l'Amérique face à l'apparition de Daech. Il est intéressant de constater que la série se perd au Pakistan, un pays toujours d'actualité, il est vrai, mais de manière moins visible et spectaculaire aujourd'hui, alors que la réalité s'est déplacée vers la Syrie et l'Irak, des pays qui n'existent plus, du moins dans les frontières coloniales définies par les accords Sykes-Picot de 1916. Il s'agit des noms des diplomates britanniques et français qui, en pleine Première Guerre mondiale, décident de se partager les premières dépouilles de l'Empire ottoman.

Ce divorce relatif entre fiction et réalité est peut-être moins grand qu'il n'y paraît. De fait, au fil des saisons, *Homeland* accompagne et reflète l'évolution des émotions américaines.

Cela commence avec l'émergence du doute sur la nature et les intentions du héros principal. Il y a ensuite le choc devant le caractère spectaculaire et meurtrier des attentats commis en plein cœur du pouvoir à Washington (je n'en dis pas plus), le tout accompagné d'une description complaisante de la cruauté barbare de l'ennemi. Puis, progressivement, s'introduit le doute quant à la légitimité de ce que fait l'Amérique. Ce doute n'est-il pas renforcé lorsque survient une spectaculaire prise d'une ambassade américaine à l'étranger ? C'est ainsi qu'apparaît le nouveau message clé, au moins de la saison 4 de la série, un message qui semble tout droit issu de la politique de Barack Obama, mais qui pourrait aussi bien sortir d'une pièce de Molière : « Qu'avons-nous été faire dans cette galère ? »

Ce message ne va-t-il pas trop loin – au moment où la menace incarnée par Daech se substitue toujours davantage à celle plus classique représentée par Al-Qaida ? Au moment aussi où, la nature ayant horreur du vide, la Russie remplit sans états d'âme au Moyen-Orient l'espace laissé vacant par les États-Unis ? Et si la série se retrouvait cette fois-ci en retard, et non en avance, sur le cycle géopolitique et émotionnel ?

L'irruption du califat et son impact révolutionnaire sur la scène moyen-orientale seraient-ils rapportés de manière plus prophétique par *Game of Thrones* que par *Homeland* ? L'imagination poétique de George R. R. Martin serait-elle plus fertile, et finalement plus juste, que celle des scénaristes de *Homeland* ? Le Moyen-Orient, dans la multiplication et la violence de ses convulsions, ne donne-t-il pas l'impression de s'inspirer de *Game of Thrones* ? Tout comme, face à la lumière de certains paysages normands, on est spontanément tenté de dire « On dirait du Monet », telle ou telle situation moyen-orientale nous semble tout droit sortir de *Game of Thrones*. *Homeland* raconte l'histoire, mais *Game of Thrones* en saisit l'esprit, l'essence même.

Il est vrai, à la décharge des scénaristes de *Homeland*, que l'Histoire est directement inspirée de la série israélienne qui date, elle, de plus de cinq ans. Et les scénaristes sont les mêmes dans les deux séries. Dans *Hatufim*, il n'y a pas un prisonnier libéré mais plusieurs, ce qui transforme la nature du récit, faisant de l'interaction entre les prisonniers libérés l'un des fils conducteurs de l'intrigue. Qui parmi eux a été « retourné », qui a parlé sous la torture ? À travers la différence de leurs origines sociales, à travers les évolutions respectives de leurs couples reconstitués, les scénaristes israéliens se livrent à une description sophistiquée d'une société israélienne qui peut être unie dans la guerre, mais qui est d'une grande diversité. Les portraits intimes sont plus fouillés, la description des corps plus crue, la violence, psychologique tout comme physique, plus brutale, à l'image de la lumière moyen-orientale du pays. On sent la chaleur, celle de la nature comme celle des êtres eux-mêmes. *Hatufim* est plus sensuel, à l'image de la société israélienne, mais bien sûr aussi moins spectaculaire. Il y a du James Bond dans *Homeland*, question de moyens. Il y a du Tchekhov dans *Hatufim*, question de culture.

Au-delà du 11 Septembre

À partir de la saison 4, toute référence visuelle dans le générique au 11 Septembre disparaît. On n'est plus dans le lien entre le passé et le présent. On est entré dans une interrogation plus moderne, plus d'actualité, autrement dit plus « obamesque ». Et si toute implication des États-Unis au Moyen-Orient menait inéluctablement à une impasse ?

Le plus prenant, dans *Homeland*, c'est l'impact que l'évolution du regard à Washington peut avoir sur le scénario de la série. Le récit semble presque devenir un commentaire sur la fragmentation et la radicalisation de la région telles qu'elles sont perçues à la Maison-Blanche. Deux phrases clés paraissent extraites du débat politique en cours aux États-Unis. « Rien de bon ne peut sortir de notre implication dans cette partie du monde », dit un des héros américains de la série. « Laissez-nous seuls régler nos problèmes », lui répond un haut responsable de la sécurité pakistanaise.

Tout se passe comme si, dans cette lutte sans merci, chacun faisait ressortir le pire de l'autre. Dans la saison 4 de *Homeland*, au-delà de la lutte entre services secrets américains et services secrets pakistanais – tout à fait crédible au niveau de l'intrigue (je n'en dirai pas plus) –, au-delà de la lutte qui existe au sein de ces mêmes services, au-delà des trahisons qui peuvent se produire dans chaque camp, il y a un message fort qui est tout à la fois une critique et une défense de l'administration Obama. Ainsi y a-t-il une critique sans appel, qui s'appuie sur des faits réels, de l'usage des drones et de ses dommages dits collatéraux. Pourquoi prendre le risque de massacrer des innocents réunis autour de la célébration d'un mariage pour atteindre une cible particulièrement recherchée ?

À l'inverse, l'usage de ces drones n'est-il pas la conséquence directe du refus de nouveaux engagements de troupes américaines sur le terrain ?

C'est une chose de ne pas procéder au retrait promis des troupes, comme en Afghanistan, c'en est une autre de procéder à de nouveaux envois.

Après avoir décrit, défendu et finalement justifié l'esprit qui dominait aux États-Unis à la suite du 11 Septembre, la série dans sa saison 4 prend clairement ses distances avec un engagement et une riposte qui ne peuvent rien produire de bon. Après avoir dénoncé la noirceur du mal, la férocité de l'ennemi – il suffit de voir le traitement de l'Iran dans la saison 3, avec un personnage qui semble l'incarnation même du mal –, le récit devient plus nuancé. Très proche de la réalité stratégique, il intègre des personnages réels – comme le journaliste américain Daniel Pearl, dont l'exécution par décapitation est évoquée – et reprend à de multiples reprises des situations qui se sont réellement produites.

La saison 4 est porteuse d'un message explicite que l'on pourrait résumer par la formule « Plus jamais ça ». En voulant faire le bien, on fait le mal. On sacrifie des vies humaines, comme celle de ce très jeune homme que l'héroïne Carrie va utiliser, dans tous les sens du terme, de la manière la plus cynique, sans autre résultat tangible que la mort inutile de ce dernier.

De fait, avec le temps, *Homeland* connaît une évolution inverse de *Game of Thrones* ou *House of Cards*. Le réalisme se teinte de moralisme, à tout le moins d'interrogations de nature éthique.

Le réalisme est présent dans la description des rapports conflictuels entre le Département d'État et la CIA, par exemple. L'un des chefs et modèles de Carrie,

Saul, est très crédible dans son incarnation d'un expert intellectuel juif qui peut se transformer en homme d'action sur le terrain – spécialiste du Moyen-Orient, tombé amoureux de l'Orient élargi, il est marié à une Indienne – et semble obéir à un calendrier qui est le sien. On retrouve ce même réalisme dans le portrait psychologique de l'adversaire. Ainsi le chef taliban afghan de la saison 4 est-il décrit de manière relativement nuancée, même si certains, surtout dans le monde musulman, perçoivent sa description comme raciste. Il est, certes, capable d'actes de grande cruauté sur des membres de sa propre famille. Mais il est aussi présenté comme un bon père, un bon mari, un homme qui sait défendre avec conviction la cause qui est la sienne.

Il n'y a plus de vision manichéenne. Les méchants se retrouvent dans les deux camps. Il y a même la volonté délibérée de créer une empathie avec l'autre. Au moment où les États-Unis renouent progressivement et de manière encore fragile avec l'Iran, peut-on aller jusqu'à dire que la saison 4 de *Homeland* a ouvert la voie ? N'a-t-elle pas, de manière indirecte au moins, préparé émotionnellement l'Amérique et le monde à ce virage historique ?

Le message quasi explicite de *Homeland* semble suivre, si ce n'est précéder, celui de l'administration Obama. Vous ne voulez plus que l'Amérique intervienne directement dans les affaires du Moyen-Orient, par ses troupes ou même ses drones, parce que l'Amérique ne peut que pervertir ses valeurs dans des luttes sans espoir et sans fin ? Vous avez raison. Mais, pour qu'il en soit ainsi, l'Amérique a besoin de soutiens, d'alliés. Ce ne sera pas facile. Les Kurdes n'y suffiront pas. L'Iran peut-il se révéler un jour plus fiable que ne l'est toujours aujourd'hui le Pakistan ? Peut-être, mais cela ne répond pas à la question fondamentale qui est celle de l'avenir des sunnites. Comment rallier un nombre suffisamment important d'entre eux dans la lutte contre Daech ? Il en va de l'avenir de la Syrie, sinon de l'Irak…

Homeland *et le rapport à l'autre*

Homeland pose, parfois avec lourdeur, parfois avec finesse, la question du rapport à l'autre. L'autre en soi : qui est vraiment Brody ? Pour qui travaille-t-il ? A-t-il été « retourné » pendant sa captivité et du fait de sa conversion à l'islam ? Va-t-il rester fidèle à ses valeurs américaines, à ses enfants, et plus encore à sa fille, alors même qu'il s'est éloigné de son épouse et de son pays ? Est-il, de fait, devenu une taupe de la sécurité américaine au sein des forces islamistes ?

Le propos un peu réducteur et schématique va s'épaissir au fil des saisons, jusqu'à poser la question de l'identité avec une empathie grandissante pour l'autre, et donc avec un ton toujours plus critique à l'égard d'une politique qui « veut faire le bien de l'autre » sans lui, c'est-à-dire sans l'impliquer dans le choix de la stratégie, sans le traiter de fait comme un égal.

Avec le recul du temps, l'Amérique semble prendre toujours plus conscience des limites de sa politique. Le message final de la saison 4 de *Homeland* pourrait tenir en une phrase. Dans une région aussi complexe, aussi hostile que le Moyen-Orient, il vaut mieux avoir recours à la diplomatie qu'à la force.

Homeland *à l'heure de Daech*

Dans sa description de la lutte contre le terrorisme, *Homeland*, jusqu'à la saison 4 incluse au moins, n'a pas intégré le passage radical intervenu depuis l'apparition de ISIS (Daech). Preuve indubitable que Daech a pris de court le monde occidental, dans la fiction comme dans la réalité. Tout comme le furent (et le redeviennent peut-être) les talibans en Afghanistan et dans certaines zones tribales frontalières avec le Pakistan, les combattants de Daech cherchent à contrôler des territoires qu'ils peuvent utiliser comme des sanctuaires d'où lancer ou téléguider des initiatives terroristes à l'encontre d'objectifs clairement définis en fonction de leur impact en termes émotionnels. C'est très exactement ce qui s'est passé à Paris dans la soirée du 13 novembre 2015. Les terroristes peuvent bien être des citoyens français ou belges, provenir des territoires perdus de la République ou de la monarchie, ils sont formés, financés, téléguidés par le soi-disant califat. Il s'agit pour eux de marquer les esprits. Visiblement, l'offensive spectaculaire de Daech à l'été 2014, avec les conquêtes des villes de Mossoul et Tikrit, a surpris les scénaristes de *Homeland*. Dans leur attention à définir et décrire la menace terroriste, ils n'avaient pas été jusqu'à intégrer la possibilité de prises de contrôle de territoires plus importants en dimension que peuvent l'être séparément ce qu'étaient l'Irak et la Syrie hier.

Si le monde des séries a pu servir d'inspiration aux combattants de Daech – dans leur mise en scène des modes d'exécution de leurs otages, par exemple –, le temps des séries semble avoir pris du retard sur l'évolution du temps du monde. Mais il est possible de lire *Homeland* comme un avertissement, sinon une explication, de ce qui se passe aujourd'hui au Moyen-Orient dans son ensemble, mais aussi dans l'esprit de ces jeunes Occidentaux d'origine arabe ou pas, de confession musulmane ou pas, qui sont attirés dans les filets de Daech. Si un soldat d'élite de l'armée américaine comme le sergent Brody a pu être séduit par eux, comment des citoyens lambda ne le seraient-ils pas, et ce en grand nombre ? Il est facile d'agir sur des esprits faibles, un peu perdus et en pleine quête identitaire.

Comprendre le Moyen-Orient à travers Homeland

Pour qui étudie les affres du Moyen-Orient contemporain, il est facile de trouver dans *Homeland* les clés de lecture, volontaires ou non, des errements de la politique américaine, qui ont contribué de manière si décisive à la situation dans laquelle se trouve la région aujourd'hui, même s'il faut se garder de faire porter tout le poids de la faute sur le monde occidental. Il a réveillé, et ce depuis des siècles sans doute, l'équivalent d'un volcan assoupi. Il n'a pas créé ce volcan. Faire du seul monde occidental le bouc émissaire exclusif des problèmes de la région est à peu près aussi injuste et simpliste qu'assimiler islam et terrorisme. Mais comment rendre compte de la complexité de la réalité dans le cadre d'une série télévisée ?

Si l'on revient sur la faute, bien réelle, de l'Occident européen d'abord, américain ensuite, le premier « péché » tient en un mot : l'arrogance. C'est cette disposition qui est à l'origine directe de la naissance de Daech. Les cadres de l'armée du prétendu État islamique sont en très grand nombre les officiers sunnites de l'armée de Saddam Hussein, humiliés par la défaite d'abord, puis par leur démobilisation forcée ensuite. Après s'être sentis abandonnés dans les guerres balkaniques des années 1990, les sunnites étaient défaits et humiliés en Irak, avant de se sentir abandonnés à nouveau en Syrie à partir de 2012. Rien n'est plus dangereux qu'une majorité qui souffre d'un complexe de minorité. C'est précisément le cas des sunnites.

Le deuxième péché du monde occidental tient à une contradiction fondamentale parfaitement visible dans *Homeland*.

L'Amérique prétend agir au nom de la démocratie, mais au nom du principe de réalité soutient des régimes autoritaires qui constituent le terreau le plus fertile à la naissance et à l'épanouissement de groupes terroristes, d'Al-Qaida à Daech.

Homeland, dans sa saison 4, met ainsi l'accent sur les contradictions du Pakistan, mais que dire de l'Arabie Saoudite, dont le fondamentalisme religieux, d'inspiration wahhabite, joue un rôle si négatif sur l'évolution de l'islam ? En combinant trop d'idéologie – « La démocratie à Bagdad entraînera la paix à Jérusalem », disaient les néoconservateurs américains qui poussèrent le président George W. Bush à la guerre en Irak en 2003 – et trop de cynisme – en fermant les yeux sur la nature répressive des régimes autoritaires –, l'Amérique faisait le lit des djihadistes. On peut lire *Homeland* comme un catalogue des erreurs qui amenèrent à l'apparition de Daech.

Mais l'Histoire est loin d'être encore écrite. *Homeland* décrit une Amérique qui se perd sous l'impact de la peur après le 11 Septembre. Mais, avec une certaine dose d'optimisme, on peut aussi penser que cet exercice d'autocritique contient en lui-même les clés du retour d'une Amérique plus responsable, trouvant en elle-même un juste équilibre entre « le trop et le trop peu d'interventionnisme ». Tout dépend bien sûr des leçons que le prochain président des États-Unis (il peut très bien s'agir pour la première fois d'une présidente) tirera de la série *Homeland*…

V

House of Cards
ou la fin du rêve américain

Dans ce qui est encore – pour combien de temps ? – la capitale politique du monde, l'ombre succède à la lumière et recouvre successivement, l'un après l'autre, les principaux monuments de la ville. Le réalisateur semble avoir voulu s'inspirer des maîtres du clair-obscur comme Caravage ou des peintres hollandais du XVIIe siècle. L'image s'arrête quelques instants sur les rives du fleuve Potomac qui traverse la ville. Des ordures ont été abandonnées là, suggérant le désordre, sinon la pourriture, qui gagne la capitale. « Il y a quelque chose de pourri dans le royaume du Danemark », disait Hamlet dans les premières lignes de l'œuvre de Shakespeare. La formule ne s'appliquerait-elle pas aujourd'hui à l'Empire américain ? Et tout cela parce que le héros principal de la série, Frank Underwood, veut, tout comme Macbeth, assouvir une vengeance personnelle. Quand les passions privées des hommes, ou tout simplement leurs ambitions personnelles, l'emportent sur le sens du bien commun, « méfiez-vous », semblent nous dire les auteurs de la série. Mais cette volupté à décrire le mal est-elle le produit d'une réaction puritaine, d'un désespoir face à la crise de la démocratie, ou plus simplement de la volonté de choquer pour attirer l'attention des spectateurs ? Y aurait-il des séries à scandale tout comme il y a une presse à scandale ?

Au-delà du générique, les premières images par lesquelles s'ouvre *House of Cards* sont particulièrement fortes et constituent la meilleure des introductions à ce qui va suivre. On entend un choc. On va vite comprendre qu'il s'agit d'une voiture qui a renversé le chien d'un des habitants de la rue huppée où se déroule l'action. Le héros de la série, Frank Underwood, s'approche. Va-t-il se porter au secours de ce chien blessé ? En fait, il le tue. S'agit-il de l'acte de compassion d'un homme qui veut abréger les souffrances d'un animal condamné, tout comme un cavalier dans un western met une balle dans le corps de sa fidèle monture, pour ne pas la laisser sans défense dans la nature sauvage environnante ? La métaphore est puissante. Il n'y a plus de différences entre le *Wild West* (le Far West) et la capitale des États-Unis.

Mais une autre interprétation est possible. Frank Underwood ne veut pas tant mettre fin aux souffrances de l'animal qu'assouvir sa volonté absolue de contrôle sur le monde et les êtres (y compris les animaux) qui l'entourent. À cette seule fin, tout est possible, tout est permis, y compris le meurtre. Le tout est de ne pas se faire prendre et de s'entourer pour cela d'un réseau d'hommes ou de femmes liges, qui seront d'autant plus malléables et corvéables qu'ils seront choisis en fonction de leurs ambitions, de leur absence totale de scrupules, sinon, plus important encore peut-être, en raison de leur vulnérabilité personnelle. Ces êtres peuvent être manipulés. En d'autres termes, de même que l'Empire soviétique, sinon la Russie d'aujourd'hui, choisit ses élites à partir de critères négatifs, Underwood va s'entourer délibérément d'une forme de contre-élites, d'êtres choisis non pour leurs mérites, mais pour leurs limites, sinon leurs vices et leurs faiblesses.

Underwood se présente à nous immédiatement, tel qu'en lui-même, dans sa noirceur intégrale. Il va devenir, au fil des saisons et de son ascension vers le pouvoir, le maître des horloges, décider qui va vivre ou qui va mourir.

De The West Wing à House of Cards : *le triomphe du cynisme*

Avec *House of Cards*, on quitte la géopolitique au sens strict du terme, même si elle est très présente, de manière presque caricaturale, dans la saison 3. Mais on demeure dans le domaine du politique et on retrouve, comme dans *Game of Thrones*, le règne de la violence. Une violence plus souvent morale que physique, même si la mort rôde de façon brutale et inattendue. Pour bien comprendre la signification de cette série, il faut la mettre en parallèle avec son opposé absolu, c'est-à-dire *The West Wing* (*À la Maison-Blanche*). En apparence, c'est le même thème, la conquête et l'exercice du pouvoir à la Maison-Blanche. Mais, dans le traitement du sujet, on ne pourrait concevoir deux univers plus opposés. C'est normal. La seconde série, même si elle s'inspire directement d'une série télévisée britannique des années 1990 – même titre, même thème, mêmes auteurs –, semble, une fois transposée dans sa version américaine, n'avoir été pensée que pour être la contrepartie de la première. On est comme confronté aux deux faces de Janus, l'une un peu trop « blanche », trop pure (*The West Wing*), l'autre certainement trop « noire » et négative (*House of Cards*). De fait, la seconde rebute, quand elle ne dégoûte pas tout simplement les amateurs de la première. Comme si les fans de *House of Cards* se réjouissaient qu'on dise enfin la vérité sur la lutte pour le pouvoir aux États-Unis, tandis que les tenants de *The West Wing* n'acceptaient pas cet exercice de désacralisation radicale du modèle américain. Une chose est certaine, on ne conçoit pas en France l'existence d'une série sur la conquête et l'exercice du pouvoir à l'Élysée qui aurait ne serait-ce qu'un dixième de la virulence, de la jouissance destructrice de *House of Cards*. De même que notre pays prend un temps particulièrement lent pour se confronter à son passé, de la guerre d'Algérie à la France de Vichy (*Un village français*), il est d'une grande prudence dans la description et l'analyse des mécanismes du pouvoir. S'agit-il d'une sacralisation liée au fait que le président de la Ve République est l'héritier d'un monarque élu, de Louis XIV ? Ce Roi-Soleil à qui la télévision publique consacre des émissions hommages sans rappeler qu'au-delà de la gloire de Versailles il y eut la révocation de l'édit de Nantes et ses conséquences à long terme très négatives pour l'avenir de notre pays ?

Dans le traitement de la politique au présent, à de très rares exceptions près, comme le film *Le Bon Plaisir*, sorti en 1984, nous sommes d'une extrême retenue. S'agit-il tout simplement d'une forme, pas si subtile, d'autocensure de la part des scénaristes, des réalisateurs et plus encore peut-être des producteurs ?

Quoi qu'il en soit, le spectateur français se passionne d'autant plus pour une série comme *House of Cards* qu'elle lui paraît tout simplement impossible en France. Nous ne sommes pas aux États-Unis, quand même ! Il y a des limites à l'autocritique.

Si *House of Cards* tire son inspiration de l'irrévérence de la « mère des démocraties », la Grande-Bretagne, à l'égard du politique et des politiques, la série *The West Wing* (*À la Maison-Blanche*) est à l'inverse profondément américaine. Elle a bénéficié des conseils de David Axelrod, consultant politique de haut niveau, qui contribuera à la victoire de Barack Obama aux élections présidentielles de 2008 et 2012. Elle est porteuse d'une vision positive de la politique, et plus encore de la politique américaine. Son héros, le président Jed Bartlet, peut mentir sur son état de santé, avoir une vie familiale compliquée, il n'en est pas moins le président idéal, presque rêvé, même s'il tire certains éléments de sa personnalité du président réel qu'a été Bill Clinton. Les hommes et les femmes qui l'entourent, à de rares exceptions près, sont des héros positifs. Ils croient à ce qu'ils font, ils se battent pour des valeurs, même si le combat est rude et mérite quelques accommodements avec une vision moralisatrice stricte. Pour être « en politique », ils n'en sont pas moins des hommes ou des femmes, pourrait-on dire en plagiant le *Tartuffe* de Molière.

Le président Bartlet fait preuve d'une empathie exceptionnelle. Son intelligence (il a été Prix Nobel), sa culture, son sens de la justice et du droit, son équilibre, sa capacité face aux crises à prendre les décisions justes au bon moment le placent au-dessus du lot. Le voir et l'entendre, c'est l'adopter. La gauche libérale américaine ne dressait-elle pas en creux, avec le personnage de Bartlet, à partir de 2001 au moins – la série commence en 1999 –, l'antithèse du président réel qu'était à la Maison-Blanche George W. Bush ? Mais, plus globalement, le message explicite de la série n'était-il pas l'équivalent d'un vote de confiance à l'égard de la politique américaine et de ses valeurs fondamentales : l'optimisme, l'exceptionnalisme, l'individualisme ? « Vous pouvez être fiers de vos dirigeants et vous pouvez être fiers d'être américains. » Certes, les problèmes moraux ne sont pas évacués. Peut-on par exemple ordonner l'assassinat d'un chef d'État étranger même s'il est responsable d'actes terroristes qui ont coûté la vie à des citoyens américains ? Mais on demeure dans un univers moral et positif finalement proche de celui des films de Frank Capra de la fin des années 1930, comme *Mr Smith au Sénat*, ou des années 40, comme *La vie est belle*.

L'Amérique est la « *City on the Hill* » (la *Cité sur la Colline*). Elle ne peut que faire rêver ses concitoyens et le monde, de la flamme de la Statue de la Liberté aux discours de JFK, de Martin Luther King jusqu'à l'élection de Barack Obama, incarnation ultime du rêve américain.

Entre le monde de *The West Wing* et celui de *House of Cards*, il y a comme un océan, qu'il convient d'analyser. Comment est-on passé de Bartlet à Underwood, d'un modèle à un contre-modèle, de l'idéalisme le plus noble au cynisme le plus repoussant et détestable ? En termes plus professionnels, sinon commerciaux, comment les producteurs de *House of Cards* sont-ils arrivés à la conclusion politique qu'il était temps de transposer la série britannique éponyme aux États-Unis ?

*De la crise financière
à la crise morale de l'Amérique*

Entre *The West Wing* et *House of Cards*, il y a le 11 Septembre, et plus encore peut-être la crise financière et économique que traverse l'Amérique à partir de 2007. Il y a aussi, et surtout, conséquence de ces crises elles-mêmes, la montée de la défiance à l'égard de la politique et des politiques et, au-delà, de toutes les institutions de pouvoir aux États-Unis. Gouvernement,

Églises, Cour suprême, monde de l'entreprise. Tous décrédibilisés, sinon tous pourris. Les résultats des études d'opinion sont éloquents. En 1997, deux ans avant le début de *The West Wing*, 25 % des Américains déclarent avoir une grande confiance en la plus vénérée et respectable des institutions américaines, la Cour suprême. Ils ne sont plus que 13 % en 2014 à avoir toute confiance dans le pouvoir des juges. En 2005, ils étaient 22 % à avoir une grande confiance dans les banques, ils n'étaient plus que 10 % en 2014. Seule l'armée et la police gardent la confiance – toute relative – des Américains. Selon un récent sondage de CNN/ORC de 2015, seuls 10 % des citoyens américains considèrent que leurs opinions sont représentées à Washington. Selon un autre institut de sondage, Rasmussen, en 2015, seuls 29 % des Américains pensent que l'Amérique est sur la bonne voie. Cette érosion de la confiance dans les piliers de la société conduit à une incertitude grandissante à l'égard de l'avenir et à une culture de peur qui a un effet négatif sur la politique américaine elle-même et – compte tenu du poids qui est encore celui de l'Amérique, sur un plan réel comme sur un plan émotionnel – sur l'ensemble du monde. C'est dans un tel contexte de défiance à l'égard du politique qu'il convient de replacer *House of Cards*, et sans doute d'y trouver les raisons de son succès. La série correspond tout simplement à l'esprit du temps, au *Zeitgeist*, diraient les Allemands.

En termes de psychologie, le héros de *House of Cards*, Frank Underwood, est-il l'incarnation la plus accomplie du pervers narcissique ? Avec une différence majeure, car il n'est pas à la tête d'une simple entreprise, mais tout simplement au sommet du pouvoir de la première puissance au monde ?

La destruction systématique du rêve américain

Dans *House of Cards*, le rêve américain est délibérément, systématiquement, mis en pièces. Tout le monde, jusqu'aux personnages dits secondaires (mais y en a-t-il encore dans le monde des séries ?), est décrit sous le jour le plus négatif. Aucune catégorie n'est épargnée. Bien au contraire, dans un souci d'inclusion démocratique, elles sont toutes présentées sous un jour critique. Afro-Américains, Hispaniques, Indiens d'Amérique, hommes, femmes, riches, pauvres, jeunes, vieux, lobbyistes, hommes d'affaires, politiques, journalistes. Ils sont tous, d'une manière ou d'une autre, corrompus, cyniques, calculateurs, obsédés par une même chose, le pouvoir, quel que puisse être le prix à payer, pour soi comme pour les autres, pour y parvenir. Personne ne fait exception à la règle. On pourrait presque parler d'une présentation négative du « *melting pot* » à l'américaine. Le système d'intégration à l'américaine a bien fonctionné, la preuve : ils sont tous aussi détestables, aussi moralement corrompus les uns que les autres.

Cette mise à mal systématique du rêve américain correspond de fait à une réalité, au moins en termes de perception. Dès juin 2014, le *Washington Post* publiait une étude sur l'opinion publique américaine réalisée par CNN qui avait pour titre : « Le rêve américain est-il mort ? » Les principaux résultats étaient frappants. Soixante-trois pour cent des Américains pensaient que leurs enfants vivraient moins bien qu'eux. C'était exactement l'inverse en 1999, quand commence la série *The West Wing*. À l'époque, deux tiers des Américains étaient persuadés que leurs enfants auraient une meilleure vie qu'eux-mêmes.

En choisissant de présenter la politique sous son jour le plus noir, de la manière la plus extrême, sinon exagérée, les auteurs de la série se sont sentis encouragés par l'évolution du réel. Leur message explicite pourrait être : « Je sais que j'exagère, mais à peine. » Voyez ce qui se passe à Washington, le pouvoir est paralysé. La démocratie américaine est devenue « vétocratie », pour reprendre la formule heureuse du philosophe de l'université de Yale Francis Fukuyama. La société est toujours plus divisée et polarisée. Il existe un désaccord sur les fondamentaux quant au rôle que le gouvernement doit exercer. Toujours trop pour les uns, jamais assez pour les autres. L'argent investi dans les campagnes électorales est devenu très excessif, et plus seulement au niveau de l'élection présidentielle mais aussi pour celles de législateurs ou de gouverneurs.

De fait, le contrat social est rompu et les inégalités s'accroissent. Le succès retentissant aux États-Unis du livre de Thomas Piketty *Le Capital au XXIe siècle* montre que l'économiste français appuie où cela fait mal. On assiste en effet, dans le pays qui s'est fait le chantre de l'égalité entre les hommes, à la victoire des héritiers sur les travailleurs. « Le passé dévore l'avenir », écrit Piketty. N'est-ce pas la définition de l'anti-rêve américain ? Ajoutons à cela un pays qui vit très au-dessus de ses moyens, compte tenu de ses dettes, et qui, en pleine fatigue impériale, est obsédé par la perspective ou la réalité de son déclin. Le retour sur investissement des dernières interventions des États-Unis en Irak et en Afghanistan, sans parler du Pakistan, a été globalement très négatif. Peut-on aller jusqu'à parler, au-delà d'une crise de l'Amérique, d'une crise du modèle démocratique, ou, pour élargir encore, d'une crise du monde occidental ? De nombreux fans de *House of Cards* en sont persuadés, qui voient dans la série une confirmation de leurs convictions les plus noires.

House of Cards *vu de Chine*

En réalité, l'influence de la série est double. D'un côté, *House of Cards* traduit le malaise de l'Amérique. De l'autre, elle nourrit le cynisme des élites dans les régimes autoritaires qui confondent avec jubilation fiction et réalité et en tirent des interprétations politiques qui servent leurs convictions. Comment les Américains osent-ils nous donner des leçons de morale ? pensent-ils. Nous avons vu les derniers épisodes de *House of*

Cards, nous ne sommes pas dupes. Même les Occidentaux issus de pays démocratiques succombent parfois à la tentation d'intégrer la série dans leurs catégories d'analyse. Ainsi pouvait-on trouver dans le *Financial Times*, au lendemain de l'annonce par le président Obama de son très ambitieux plan de lutte contre le réchauffement climatique, un commentaire faisant référence à *House of Cards* qui mettait l'accent non pas sur le contenu du plan, mais sur sa capacité à placer l'opposition républicaine sur la défensive : « Quoi qu'ils disent, les Républicains ne peuvent qu'apparaître sur la défensive, ayant laissé le camp de la modernité à la Maison-Blanche. » En politique, n'est-il pas plus important de diviser ses adversaires que de mettre en œuvre les réformes nécessaires ?

Ce que se plaît à décrire *House of Cards*, c'est un monde politique totalement dominé – le mot obsédé serait plus judicieux – par ses luttes internes. Le contexte international est certes présent, de la Chine au Moyen-Orient en passant par la Russie, qui tend à remplacer la Chine comme la menace principale au fil des saisons. Mais tout cela, finalement, demeure secondaire. En fait, dans la saison 3 de *House of Cards*, le traitement des enjeux internationaux est trop souvent parfaitement irréaliste, sinon ridicule. On dirait presque qu'il s'agit d'un prétexte pour préparer le terrain aux tensions grandissantes entre le couple présidentiel. « Je n'aurais jamais dû faire de toi mon ambassadeur aux Nations unies », dit Frank Underwood à sa femme. « Je n'aurais jamais dû faire de toi le président des États-Unis ! » lui répond-elle du tac au tac. On est plus proche de « *La Mégère apprivoisée* à la Maison-Blanche » que de toute analyse sérieuse de la politique américaine, à moins qu'il ne s'agisse d'une explication en profondeur des faiblesses extrêmes de la diplomatie américaine aujourd'hui. Au fond, cela ne les intéresse pas ou ne les intéresse plus. Ils ont trop donné, et pour bien trop longtemps, avec les résultats que l'on sait.

Les disputes familiales au sommet ou les enjeux de pouvoir à l'intérieur sont infiniment plus passionnants, et importants en réalité, que les jeux d'équilibre à l'extérieur. Tous les préjugés contre la politique et les politiciens sont mis en avant, et ainsi magnifiés.

House of Cards *et la montée des populismes*

House of Cards accompagne, et pour certains même accélère, la montée des populistes du Tea Party aux États-Unis. Les premiers succès flatteurs de Donald Trump, lors de la campagne pour les primaires du Parti républicain, ne sont-ils pas eux aussi la traduction de ce rejet des élites ? « Les politiques sont tous des menteurs. Ne vous fiez pas à leurs programmes. »

Dans un contexte de méfiance à l'égard de la politique, ce qui compte plus que jamais, c'est la personnalité, le caractère de l'homme que vous allez choisir. Plus il est excentrique, différent, plus il apparaît loin des jeux de pouvoir de Washington – même si ce n'est qu'une apparence – meilleur il sera. Plus il est riche, moins il risque d'être corrompu comme tous les autres. C'est parce qu'il pense en dehors du cadre habituel de la politique qu'il faut lui faire confiance. Revoyez tel ou tel épisode de *House of Cards*, vous aurez tout compris !

À ce niveau de noirceur et de doute combinés, la série ne colore pas seulement la réalité, elle finit par la créer. Il existe un parallèle évident entre les dangers d'Internet et ceux des séries télévisées. À un certain moment, fiction et réalité se confondent. On ne se divertit plus, on s'informe. Bill Clinton, l'ancien président des États-Unis de 1992 à 2000, n'aurait-il pas dit, bien évidemment sur le ton de la confidence amusée, à Kevin Spacey, l'homme qui joue son rôle, c'est-à-dire celui du président dans la série : « J'adore *House of Cards*. Quatre-vingt-dix-neuf pour cent de ce que vous faites dans la série est vrai. Le un pour cent erroné tient à ce que vous ne pourriez jamais faire passer aussi vite une loi sur l'éducation dans la vraie vie ! » Une déclaration qui, si elle se révélait exacte et si elle était largement diffusée aux États-Unis, n'aiderait pas la candidature de son épouse Hillary à la présidence, même si elle ne peut être comprise que comme une plaisanterie. Une plaisanterie révélatrice de la dureté de la lutte pour le pouvoir à Washington, une ville qui, en dépit de l'émergence d'une vie culturelle significative depuis plusieurs décennies, ne vit que par et pour le pouvoir.

Dans une série comme *House of Cards*, toutes les théories du complot, plus à la mode que jamais aujourd'hui, et ce dans le monde entier – il suffit d'avoir pris des taxis parisiens après les attentats du 13 novembre 2015 pour en être convaincu –, se trouvent confirmées. Hier, à travers des séries comme *Dallas* et *Derrick*, on découvrait le niveau de vie des Américains ou des Allemands de l'Ouest. Aujourd'hui, il ne s'agit plus de pénétrer dans le confort des intérieurs, mais dans la noirceur des âmes.

Si *Game of Thrones* est un condensé d'histoire diplomatique pour initiés revu et corrigé par Machiavel ou Hobbes, *House of Cards* est un habile mélange des *Liaisons dangereuses*, des *Borgia* et des *Sopranos*. Valmont et Mme de Merteuil sont ici incarnés par Frank Underwood et son épouse. Cette comparaison avec *Les Liaisons dangereuses* est encouragée par la ressemblance physique entre les deux actrices principales : Glenn Close dans le film tiré du roman de Choderlos de Laclos et Robin Wright dans la série américaine. N'y a-t-il pas entre ces deux êtres complices et rivaux à la fois comme une sorte de contrat ? Tu ne peux devenir président sans mon aide, mais je deviendrai présidente après toi ! La réalité est bien sûr infiniment plus complexe et intègre des éléments plus intimes et délibérément ambigus sur la vie du couple et sur les préférences sexuelles du président lui-même.

West Wing vantait, indirectement au moins, les mérites de Bill Clinton. On peut se demander, en voyant *House of Cards*, si la série ne sera pas utilisée un jour pour expliquer l'échec de la candidature d'Hillary Clinton à la Maison-Blanche ? Bill était chaleureux, sympathique en dépit de ses écarts, le couple ou Hillary Clinton seule le sont beaucoup moins. Tout dépendra bien sûr du candidat que le Parti républicain alignera face à elle. Saura-t-il éviter une dérive à droite, qui l'exclurait aussi sûrement de la Maison-Blanche que sa dérive à gauche condamne le Parti travailliste britannique à rester dans l'opposition ou à faire sa révolution intérieure ?

Ces méchants presque sympathiques

Certes, comme dans *Dallas* ou *The Sopranos*, les « méchants » seraient presque présentés sous un jour favorable dans *House of Cards*. Dans l'original britannique comme dans sa version américaine, le héros principal a des apartés directs, face à la caméra, avec le public. Contrairement à la tragédie grecque, où le Chœur commente des événements sur lesquels il n'a pas ou peu de prise, dans *House of Cards*, c'est le héros de l'action qui, sous le ton de la confidence, prend le spectateur à témoin de ses calculs comme de ses émotions. Il vous donne les clés nécessaires pour comprendre la stratégie qu'il met en œuvre. On est bien sûr très proche, là encore, du théâtre de Shakespeare, qui semble être la source d'inspiration commune de tant de séries anglo-saxonnes de qualité.

À ce niveau de cynisme, on n'admire plus la capacité de l'Amérique à se critiquer elle-même, on contemple avec un mélange de fascination et d'effroi sa capacité à s'autodétruire. N'est-on pas dans les turpitudes du bas Empire romain ? Ce qui est décrit n'est plus la raison d'État dans son inhumaine grandeur, mais l'ambition brutale d'un homme, sinon d'un couple infernal. Aucune parole ne tient, comme le démontre l'épisode où un Chinois, après avoir été utilisé dans l'équivalent d'une lutte de pouvoir entre différents « clans » à Washington, va, en dépit de toutes les promesses qui lui ont été faites, être remis aux autorités de son pays, ce qui signifie, pour lui, une mort certaine. Ce n'est plus *Le mal court*, comme dans la pièce de théâtre de Jacques Audiberti, c'est le mal galope et triomphe. Et tout cela paraît de fait « presque » crédible. Le président Obama n'a rien de Frank Underwood, mais ce dernier est la démonstration que l'on peut devenir président des États-Unis sans avoir jamais été élu, en tenant un discours du type : « La démocratie, c'est sérieusement surfait, » « *Democracy is seriously overrated* », dit Underwood, qui vient d'être nommé vice-président, dans un de ses apartés particulièrement efficaces avec le public, les yeux droit dans la caméra.

Je me trouvais dans le métro londonien le jour des élections législatives de mai 2015, lorsque d'énormes affiches placardées sur les murs annonçaient la diffusion de la troisième saison de *House of Cards*, avec cette citation provocatrice. Retrouvant l'air libre après les couloirs du *tube* et passant devant un bureau de vote où les citoyens accomplissaient leur devoir électoral dans un climat de paix et de sérénité, en dépit de la peur toujours présente des attentats terroristes, je ne pouvais qu'être frappé par le contraste existant entre la proclamation du caractère surfait de la démocratie et le spectacle qui s'offrait à moi. Underwood avait tort et Churchill avait raison : la démocratie est bien le pire des systèmes de gouvernement à l'exception de tous les autres. Le réel, dans ce cas et dans ce pays au moins, la Grande-Bretagne, était le meilleur des démentis à la fiction.

Borgen, *ou les femmes seraient-elles l'avenir de la politique ?*

Dans une série politique danoise de grande qualité, décrivant l'ascension et l'exercice du pouvoir par une femme Premier ministre, proche dans son profil positif du président Bartlet de *The West Wing* (*À la Maison-Blanche*), le générique de la première saison s'ouvre, certes, par une citation de Machiavel sur la nature du pouvoir. Mais le caractère de l'héroïne est inspiré directement d'un personnage réel très positif. Il s'agit de Margrethe Vestager, qui, après avoir été vice-Premier ministre dans son pays, le Danemark, est aujourd'hui commissaire européenne à la Concurrence, où, de Bruxelles, elle fait trembler, dit-on, des géants comme Google.

Contrairement à celui de *House of Cards*, le message de *Borgen* est nuancé par le déroulement de l'intrigue. Pour réussir en politique, il faut bien évidemment « jouer le jeu », mais il n'est pas nécessaire de se comporter comme un loup. Le respect des principes et plus encore des autres, l'honnêteté, la pédagogie, la modestie sont des qualités nécessaires à la conquête et à l'exercice du pouvoir. Les femmes, parce qu'elles donnent la vie et sont moins fascinées par la guerre, seraient-elles naturellement prédisposées à l'exercice raisonnable du pouvoir ? Même si la vie privée de cette femme Premier ministre souffre de son emploi du temps, même si le couple qu'elle forme avec son mari est plus que fragilisé par l'exercice du pouvoir qui est le sien. Dans les monarchies constitutionnelles du nord de l'Europe, l'État a beau être modeste et honnête, il n'en est pas moins difficile, pour l'époux d'une femme Premier ministre, d'être réduit, à ses yeux au moins, au statut de prince consort *bis*, le premier prince consort étant bien sûr l'époux de la reine. Il y a néanmoins comme un message implicite qui sert de fil conducteur à la série *Borgen* et que l'on pourrait résumer ainsi. Pour suivre les conseils de modération que donne Machiavel, serait-il préférable d'être une princesse plutôt qu'un prince ? Ce n'est ni le message de *Game of Thrones*, bien sûr – les femmes y sont aussi cruelles que les hommes –, ni, de fait, celui de *House of Cards*. L'épouse de Frank Underwood suit-elle sa conscience lorsqu'elle se donne le beau rôle, dans la défense de la cause des homosexuels, ou ne fait-elle là encore que calculer l'impact qu'un tel comportement aura sur son image personnelle dans l'avenir ?

Il est vrai que, dans *House of Cards*, nous ne sommes plus dans l'univers de Machiavel, mais dans celui, infiniment plus noir et vénéneux, de la lutte pour le pouvoir à tout prix. Même le sexe devient un moyen privilégié d'arriver à ses fins. Ce qui donne lieu à une scène parfaitement grotesque dans les toilettes des Nations unies entre l'ambassadrice américaine, qui est également bien sûr l'épouse du président – une hypothèse très peu plausible –, et l'ambassadeur russe.

Tout sentiment dans *House of Cards*, pour peu qu'il soit vrai, devient, comme dans *Game of Thrones*, une faiblesse qui risque de vous perdre.

Le dysfonctionnement de la politique américaine

Ce à quoi l'on assiste dans la série *House of Cards* – en particulier la succession de meurtres commis initialement par le héros principal – ne paraît pas toujours crédible. Mais ces événements s'inscrivent dans un contexte qui semble confirmer les pires critiques à l'encontre d'un système politique américain qui – c'est bien là une réalité et non une fiction – ne fonctionne plus. Mais comment réformer des institutions qui avaient pour but, à la fin du XVIIIe siècle, de protéger la démocratie par un strict équilibre entre les pouvoirs : exécutif, législatif et judiciaire ? La petite République américaine pouvait ainsi apparaître exemplaire. Aujourd'hui, la République postimpériale est de fait paralysée par ce système qu'elle ne contrôle plus et qui semble obéir à une logique d'autodestruction. Et si la fiction n'était que l'antichambre, sinon la préfiguration, de la réalité ?

Le problème est qu'au moment où la première puissance démocratique mondiale accepte d'en rajouter en termes de turpitudes à travers des séries qui fascinent le monde et ont une audience mondiale, sinon une portée universelle, la Russie de Poutine, à l'inverse, se sert de ses séries comme d'une arme de propagande très efficace en direction de ses propres citoyens. Il est vrai que, dans le cas russe, ce sont les nouvelles officielles qui deviennent de la pure fiction. Combien de temps s'est-il écoulé entre la destruction en plein ciel d'un avion charter russe au-dessus du Sinaï et le moment où la présidence russe a dû se rendre à l'évidence ? Il s'agissait bien d'un acte terroriste. À ce niveau de contrôle exercé sur l'information, du fait bien souvent de l'efficacité de la propagande russe, il ne devient plus guère possible de distinguer la réalité de la fiction. La désinformation systématique s'inscrit dans un récit cohérent et organisé. Au lendemain de la destruction en plein vol du Boeing de la Malaysia Airlines le 8 mars 2014, je me suis trouvé dans un débat radiophonique avec l'ambassadeur de Russie à Paris. « Ce ne peut être nous, même pas indirectement par nos armes, affirmait-il de manière catégorique. Ce n'est pas dans notre intérêt. » Je ne pus m'empêcher de lui répondre que, grâce à lui, je me sentais « vingt-cinq ans plus jeune », revenu au bon vieux temps de l'URSS.

Les journaux télévisés russes mettent l'accent sur les combats en Ukraine, sur les complots occidentaux contre la Russie et sur une présentation positive (et répétitive) de Vladimir Poutine. Un président qui garantit la stabilité d'un pays entouré d'ennemis. Ce message est amplifié par des séries à gros budget (en termes russes) qui glorifient les combats durant la Seconde Guerre mondiale pour la Crimée, ou des séries d'espionnage dénonçant les actes de trahison de soi-disant libéraux néfastes collaborant avec l'ennemi.

Il existe bien deux poids, deux mesures. À travers ses séries, l'Amérique s'autoflagelle. À travers les siennes, qui n'ont pour l'essentiel qu'une audience locale, la Russie se glorifie. À ce jeu, peut-on continuer de penser qu'une société démocratique et ouverte l'emportera nécessairement, à terme, en présentant ses faiblesses de manière presque caricaturale, sur un régime qui se présente lui aussi de manière caricaturale en vantant exclusivement ses mérites ?

Il est vrai qu'au cinéma un film récent, *Léviathan*, pouvait être perçu comme une dénonciation féroce du pouvoir local russe. Mais ne s'agissait-il pas précisément, pour le pouvoir central de Moscou, de faire porter la responsabilité de la corruption et de la violence par les potentats régionaux ?

Et si le mensonge payait ?

Dans cette lutte déséquilibrée entre la fiction qui abaisse et celle qui magnifie, peut-on craindre que, au moins à court terme, le mensonge paiera ? La question est ouverte. Digne héritière de l'URSS, la Russie de Poutine n'encourage pas ses citoyens à un processus de réforme, pourtant indispensable à sa survie économique, et donc politique. « Tout serait parfait si nous n'étions pas encerclés par des ennemis agressifs qui n'ont pour ambition que de nous humilier et de nous affaiblir par une politique de sanctions », dit en permanence la propagande russe.

Une politique primaire qui s'accompagne néanmoins d'une diplomatie beaucoup plus subtile et, temporairement au moins, en ce qui concerne la Syrie, efficace.

En se laissant aller à ce qui pourrait apparaître à certains comme de l'antiaméricanisme primaire, une série comme *House of Cards* permettra-t-elle au contraire à la démocratie américaine de se réinventer, de transcender en particulier le blocage de ses institutions ?

La série devient encouragement à ne rien faire dans le cas russe, à mieux faire dans le cas américain.

Mais le mal est profond. Penser qu'une série comme *House of Cards* peut être l'occasion d'un rebond de la démocratie américaine, c'est sans doute faire preuve de trop d'optimisme. On peut, certes, la lire comme une sorte d'appel désespéré à un réveil moral, une forme de « plus jamais ça » à l'américaine. Nous ne tolérerons plus de telles dérives de notre modèle démocratique.

Mais, de manière plus profonde sans doute, *House of Cards* traduit une perte de confiance généralisée à l'égard des élites. D'elles on peut s'attendre à tout.

En Grande-Bretagne, la multiplication de scandales sexuels, souvent de pédophilie, impliquant des personnalités qui peuvent être déjà décédées, s'inscrit aussi dans ce nouveau rapport négatif à l'encontre des élites. Une évolution qui encourage toutes les formes de populisme ou de radicalisme.

House of Cards, dans sa version américaine (universelle ?), contribue-t-elle à accélérer ce phénomène ou ne fait-elle que le traduire ? C'est toute la question. Avec une telle série, on semble atteindre des sommets dans la volonté de désacraliser la politique et les politiques. Et cette évolution se produit au pire des moments, alors que la puissance protectrice de l'État est la plus nécessaire face à des menaces existentielles toujours plus nombreuses.

La série devrait-elle contribuer à un réveil moral, sinon rassurer les citoyens par un message qui soit tout à la fois plus positif tout en restant réaliste sans apparaître ennuyeux ou artificiel ? Autrement dit, la série peut-elle nous amener à repenser l'ordre du monde, plutôt que de se concentrer exclusivement, comme avec délices, sinon une certaine forme de sadisme, à la défense et illustration de ses désordres ?

Ce n'est certainement pas encore le propos de la série norvégienne *Occupied*, dont la première saison a été diffusée sur Arte à la fin de l'année 2015. En réalité, l'univers d'*Occupied* est plus proche de celui d'*House of Cards* que de celui de *Borgen*.

VI

Occupied
ou le retour de la menace russe

Sur le fond noir de l'écran, une phrase s'inscrit en lettres blanches. « Dans un futur proche. » Elle est suivie d'un avertissement : « Une grave crise énergétique menace l'Europe. » « Le gouvernement norvégien a pris la décision d'arrêter la production des énergies fossiles. »

Ce que l'on est sur le point de regarder n'est pas une simple et pure fiction, c'est un récit imminent et parfaitement crédible. Des images se succèdent, illustrant la brutalité des conséquences du réchauffement climatique sur la planète. La neige fond, la banquise se craquelle, pour laisser place à une eau qui, sous forme de vagues gigantesques type tsunami et d'inondations meurtrières, recouvre peu à peu les villes, emportant les ponts, submergeant les rues. Des hommes s'efforcent d'en sauver d'autres, au risque d'y laisser leur vie. Dans ce combat entre l'homme et la nature, on reconnaît celui qui sera le héros principal de la série, le Premier ministre norvégien. Il a pris dans ses bras, seul face aux déchaînements des flots, une femme qu'il va sans doute sauver. Cette scène a-t-elle eu lieu, va-t-elle avoir lieu ou n'est-elle qu'un cauchemar, un ultime avertissement ? Est-il déjà trop tard pour éviter ce à quoi nous assistons ?

Présentant la série *Occupied* à ses lecteurs, le magazine *Les Inrocks* en parlait comme de « la série qui va vous faire aimer la géopolitique ». Il est vrai que le scénario imaginé par l'écrivain norvégien Jo Nesbø, plus spécialisé dans le roman noir à la scandinave (il est notamment l'auteur de l'excellent *Du sang sur la glace*) est d'une grande subtilité. On y retrouve croisées de manière raffinée toutes les peurs de notre temps, du réchauffement climatique à la crise du modèle démocratique encouragée par des dirigeants médiocres. De la montée de la peur face à la Russie de Poutine, surtout depuis sa gestion de la crise ukrainienne, au discrédit relatif ou absolu – tout est question d'appréciation – dans lequel sont tombés l'Union européenne et les États-Unis d'Amérique au cours des dernières années.

Le message norvégien est clair : face à la menace nous sommes seuls, même si nous sommes membres de l'Otan (Organisation du traité de l'Atlantique Nord, créé en pleine guerre froide pour assurer la protection de l'Europe occidentale face aux ambitions soviétiques).

Que sont devenues les Lumières du Nord ?

En février 2011, j'étais l'invité du ministère des Affaires étrangères de Norvège à Oslo. De rendez-vous en rendez-vous, il me semblait croiser chaque fois des délégations chinoises. J'interrogeais mes hôtes sur la raison de leur présence. Que me fut-il répondu, pouvez-vous l'imaginer ? « La Norvège est la clé de l'avenir de la Chine. » J'étais un peu interloqué. Comment un petit pays de cinq millions d'habitants pouvait-il tenir entre ses mains le sort d'un géant de plus d'un milliard quatre cent millions d'habitants ? La réponse était pourtant simple : le système de protection sociale à la norvégienne. Les Chinois avaient fait du *benchmarking.* Et, parmi tous les modèles scandinaves, ils avaient retenu celui de la Norvège. Les dirigeants chinois étaient bien conscients en 2011, déjà, qu'ils allaient devoir très vite substituer un modèle de croissance interne à un modèle de croissance externe. La main-d'œuvre chinoise était devenue plus chère, la compétition internationale plus difficile. Les Chinois devaient impérativement consommer plus. Pour ce faire, il était nécessaire qu'individuellement et pas seulement collectivement ils prennent confiance en leur avenir. Une forme de protection sociale s'imposait et la petite Norvège leur fournissait un modèle certes inapplicable tel quel, mais qui pouvait servir d'inspiration à l'Empire du Milieu. Les Norvégiens étaient si fiers, alors, eux si petits, qui n'étaient indépendants de la Suède que depuis un peu plus d'un siècle, de pouvoir servir de modèle aux Chinois.

C'était tout juste quelques mois avant l'affaire Breivik, du nom d'Anders Behring Breivik, ce très jeune militant d'extrême droite qui, en l'espace de quelques heures le 22 juillet 2011, a tué soixante-dix-sept personnes, et en a blessé cent cinquante et une, la plupart étant de plus jeunes encore militants du Parti social-démocrate au pouvoir, symboles d'une multiculturalité ouverte qu'il exécrait.

Peut-on établir un lien entre ce drame terrible, l'illustration du fait que les fondamentalistes musulmans n'ont pas la macabre exclusivité du terrorisme, et le côté particulièrement noir de la série *Occupied* ? Pas nécessairement, et pourtant, même si le scénariste ne l'a pas fait consciemment, il est difficile de ne pas y penser. Nous vivons dans un monde tragique, ce n'est pas seulement la nature qui constitue une menace pour l'homme si nous ne la respectons pas, ce sont les autres hommes eux-mêmes. Dans ce contexte, il faut voir la réalité en face, semble vouloir dire la série norvégienne. Nos hommes politiques sont bien « tendres », naïfs et impréparés face à la dureté des temps. Et tout particulièrement le héros principal de la série, le Premier ministre écologiste Jesper Berg (remarquablement interprété par l'acteur Henrik Mestad). Son action politique face à l'épreuve semble un parfait condensé de tout ce qu'il ne faut pas faire. Ses constantes reculades, ses hésitations, son incapacité, jusqu'à ce qu'il soit trop tard, à prendre une décision et à s'y tenir sonnent comme une dénonciation des politiques dans leur ensemble, sinon de la politique elle-même. Dans les scènes où on le voit négocier avec l'ambassadeur russe à Oslo, ou même avec les représentants de l'Union européenne, il donne l'image d'un parfait contre-modèle, l'opposé absolu de son équivalente danoise qui, dans un épisode de *Borgen*, négocie avec maestria face au représentant d'un pays imaginaire du Moyen-Orient qui évoque l'Afghanistan.

Ses collègues membres de son gouvernement ne valent guère mieux. Ne sont-ils pas prêts à sacrifier l'avenir du pays à celui de leur parti ? Tels qu'ils sont dépeints, leur volonté de sauver la nature à tout prix n'est plus un acte de responsabilité, mais un alibi pour cacher des ambitions personnelles de maintien au pouvoir. Seules exceptions peut-être dans cette présentation très négative de la politique et des politiques, des femmes, qui émergent (certaines d'entre elles au moins, d'une juge – noire de surcroît – à la ministre de la Justice) comme des figures plus énergiques et positives. Il est vrai qu'en matière d'égalité des sexes la Norvège peut faire la leçon, même au reste de la Scandinavie. N'est-elle pas le seul pays où siègent dans tous les conseils d'administration des grandes entreprises autant de femmes que d'hommes ? C'est tout simplement une obligation légale.

Certes, il convient de replacer ce scénario très critique de la politique norvégienne dans le contexte des séries policières scandinaves elles-mêmes, qui sont d'une glauque efficacité. Le genre « noir nordique » est très à la mode, comme l'illustrent des séries remarquables telles que *The Bridge*, qui a été reprise aux États-Unis dans une version américaine, ou *The Killing*. Et l'on n'est pas si loin de *Borgen*, sauf, bien sûr, dans la personnalité du Premier ministre et dans l'importance attachée à la géopolitique, omniprésente dans *Occupied*.

La Norvège face à l'appétit russe

Moscou, c'est peu de le dire ainsi, n'a pas « apprécié » la série *Occupied*. Comment pourrait-il en être autrement ? La Russie n'a pas le beau rôle. Mais, au lendemain des événements intervenus à l'est de l'Europe, en Ukraine, en particulier la conquête de la Crimée par un mélange de force et de ruse (les Russes parlent du retour de la Crimée dans la mère patrie), la description du comportement des Russes peut sembler parfaitement crédible, et même en deçà de la réalité. Les petits hommes en noir qui interviennent de façon brutale dans le récit d'*Occupied* évoquent de manière transparente les « petits hommes verts » qui ont fait (re)-basculer la Crimée dans l'Empire russe. Face à l'Ours russe, le Premier ministre écologiste donne l'impression de jouer le rôle de Charles VII dans l'opéra de Verdi *Jeanne d'Arc* qui a ouvert la saison de la Scala en 2015. Il hésite à faire couler le sang de ses sujets et est prêt à s'incliner. Et, toutes proportions gardées, sa ministre de la Justice n'apparaît-elle pas elle-même comme une réincarnation de Jeanne d'Arc ? Une Jeanne d'Arc qui n'aurait rien à perdre personnellement, prête à se sacrifier pour des raisons qui constituent un des ressorts de l'intrigue.

La Russie est présentée sous un jour cynique et brutal, même si l'ambassadrice de Russie (une femme blonde et glacée) est décrite comme un personnage complexe. Elle joue, certes, comme le ferait un chat avec une souris, avec le Premier ministre norvégien. Mais est-elle une modérée face à des faucons beaucoup plus durs qu'elle au sein de l'armée et des services de sécurité russes (le FSB, digne héritier du KGB) ? L'objectif de l'ambassadrice russe à Oslo est-il d'empêcher la guerre, ou bien joue-t-elle ce rôle de colombe pour mieux confondre et diviser l'adversaire ?

Les bombes, qui tuent des travailleurs russes sur des exploitations gazières, sont-elles le fait des nationalistes norvégiens du mouvement Norvège libre ou se pourrait-il que les vrais responsables de ces attentats soient les Russes eux-mêmes ? N'a-t-on pas murmuré en 2000 que les attentats terroristes commis à Moscou cet été-là n'étaient pas le fait des Tchétchènes, mais des services secrets russes à la recherche d'un prétexte pour déclencher une nouvelle guerre en Tchétchénie ? Le retour de la menace russe dans la thématique des séries peut être perçu comme la preuve indubitable du succès de la stratégie menée par Poutine. La Russie existe toujours, elle est incontournable jusque dans l'imaginaire des scénaristes de séries télévisées. Poutine a obtenu ce qu'il recherchait : la Russie fait peur à nouveau.

La trahison de l'Union européenne

La Norvège n'appartient pas à l'Union européenne, même si elle est partie intégrante de son espace économique. Pourquoi un petit pays si généreusement doté en pétrole et en gaz naturel devrait-il s'abaisser à entrer dans une Union qui, sur le plan démocratique et social, lui semble si inférieure ? Les pays du Sud peuvent trouver dans leur appartenance à l'Union un surcroît de légitimité. Ce n'est certainement pas le cas de la Norvège. Le portrait qui est dressé de l'Union est au moins aussi sévère dans sa catégorie que celui qui est fait de la Russie.

En fait, on apprend très vite que, face à une Norvège qui veut cesser d'exploiter ses énergies fossiles par respect de l'environnement et a trouvé une énergie de remplacement sans effets négatifs sur la nature, le thorium, la Russie intervient en quelque sorte comme le bras armé de l'Union, avec plus que l'assentiment d'une Union censée garantir la démocratie en Europe. Le représentant de l'Europe à Oslo est dépeint comme le traître Iago peut l'être par Shakespeare dans *Othello*. Il est présenté comme le commissaire européen français, joué de manière très convaincante par l'acteur Hippolyte Girardot. Il ne semble d'ailleurs pas dépendre de Bruxelles ou de Paris, mais de Berlin, son autorité de tutelle étant la « chancelière ». On ne saurait présenter l'Europe de façon plus négative. Non seulement elle est dominée par l'Allemagne, mais elle trahit tous les principes qu'elle est censée défendre. Alors qu'Angela Merkel a été choisie par le magazine *Time* comme la personnalité de l'année 2015 pour son rôle exemplaire dans la crise des réfugiés, cette présentation d'une Europe dominée pour le pire par l'Allemagne peut surprendre, elle est en tout cas très révélatrice de l'évolution négative de l'image de l'Union dans son ensemble. Mais la vision de l'Amérique n'est pas en reste.

Où est passé l'Otan ?

Si elle n'est pas membre de l'Union européenne, la Norvège – qui possède une longue frontière commune avec la Russie – appartient à l'Otan, qui constitue pour elle depuis les années de la guerre froide une forme ultime d'assurance-vie. Aussi, après avoir été victime d'une tentative d'enlèvement sur sa personne, le Premier ministre norvégien trouvera-t-il tout naturel de chercher refuge dans la résidence de l'ambassadeur des États-Unis, et ce dans sa propre capitale, preuve ultime qu'il n'est plus en sécurité dans son propre pays. Encore une fois, le portrait qui est fait du protecteur américain est profondément négatif. L'ambassadeur des États-Unis – pourquoi avoir choisi de le présenter comme un homosexuel ? – va expliquer à son hôte norvégien qu'il ne peut ni ne veut venir à son aide. La Norvège doit comprendre qu'elle est seule. Après ses aventures militaires malheureuses au Moyen-Orient, la dernière chose que souhaite Washington, c'est une confrontation avec Moscou. Les temps ont changé. La Norvège doit s'adapter. Elle est à la fois trop riche et trop faible pour pouvoir décider de son avenir de manière indépendante. Contrairement à ce qu'elle pensait, ses choix en matière énergétique ne lui appartiennent pas. Et puis elle est victime de sa géographie. Lorsqu'on a la Russie comme voisin, on ne peut pas faire « n'importe quoi », même et surtout si c'est pour le bien de la planète. Il y a quand même des considérations économiques, et donc sécuritaires, plus importantes. On croirait entendre certains délégués de la COP 21 à Paris. On peut se soucier de l'écologie, mais jusqu'à un certain point seulement. Même si l'accord (*a minima* pour certains), intervenu lors du sommet de Paris en décembre 2015 en fournit le démenti éclatant.

Collaborer ou résister ?

À voir les images du générique, on pourrait croire que le thème de la série est celui de la revanche de la nature sur l'homme. À force de « tirer sur la corde » pour satisfaire ses besoins, l'homme se trouve confronté non pas à la violence d'autres hommes, mais à celle de la nature.

S'agit-il de la mer qui recouvre (occupe) la terre, comme pourrait le faire une armée étrangère ? En fait, l'occupant, l'envahisseur, n'est pas (pas encore ?) la mer, mais l'autre si proche, le « grand frère russe ». Et le vrai thème de la série – collaborer ou résister à l'envahisseur ? – s'inscrit dans l'histoire douloureuse de la Norvège pendant la Seconde Guerre mondiale.

Si la Suède s'est abritée frileusement, comme la Suisse, derrière sa neutralité, si le Danemark a eu le courage d'évacuer vers la Suède, quand cela était encore possible, tous les membres de sa communauté juive avant d'être envahi par l'Allemagne nazie, la Norvège, elle, après le départ de la famille royale dans un digne exil en Grande-Bretagne, s'est dotée d'un gouvernement de collaboration avec Berlin, ce qui n'exclut pas l'existence d'une résistance forte et particulièrement courageuse à l'envahisseur nazi.

De fait, le cœur de l'histoire tient en son titre : *Occupied*. Comment une société se comporte-t-elle face à l'occupation ? Qui choisit de collaborer, et pour quelles raisons ? Qui entre dans la résistance, et comment ? Y a-t-il des profils psychologiques ou sociologiques qui permettent de prévoir qui se trouvera dans quel camp ? Existe-t-il chez certaines personnes une prédisposition à définir par soi-même ce qui est juste et ce qui ne l'est pas ? La Norvège est le seul pays scandinave qui ait connu pendant la Seconde Guerre mondiale un gouvernement de collaboration avec les nazis. Le nom du chef des collaborateurs, Quisling, est même devenu un substantif pour désigner les traîtres. Il est intéressant de voir que le pays qui peut se présenter au monde comme le modèle le plus réussi des « Lumières du Nord » a choisi de traiter sous la forme du présent le plus crédible un traumatisme issu du passé. Le thème de la collaboration n'est pas neutre. À l'heure de la montée des populismes en Europe, il est abordé de la façon la plus directe par les milieux artistiques et culturels. Si l'on ne se reconnaît pas, ou plus, dans les principes qui sont appliqués dans son propre pays, si les valeurs qui nous semblent les plus fondamentales sont délibérément foulées aux pieds par les représentants démocratiquement élus du nouveau pouvoir, que peut-on, que doit-on faire ? Que signifie résister dans ce contexte ? S'exiler, comme le fit Victor Hugo après le coup d'État du 2 décembre 1851 qui mit fin à la IIe République et prépara le retour de l'Empire ? Faut-il au contraire rester pour préparer la revanche politique ou à la marge éviter le pire en tentant d'influencer de l'intérieur les décisions prises ? Alors qu'un parfum des années 1930 commence à s'étendre sur l'Europe, le thème central de la série *Occupied* paraît, au-delà même de sa description des enjeux écologiques et russes, d'une brûlante et universelle actualité.

À chacun son traumatisme, pourrait-on dire. Pour la France, c'est bien évidemment le régime de Vichy, traité de manière méticuleuse et respectueuse de la réalité historique et de sa complexité par la série *Un village français*, qui fait de la collaboration et de la résistance son thème unique.

Sur un plan purement scandinave, il est intéressant de mettre en parallèle la série *Occupied* et une série danoise récente : *1864 : Amour et trahisons en temps de guerre*. Dans cette série historique dotée de très gros moyens, créée en 2014 et diffusée sur Arte en 2015, le Danemark avait choisi lui aussi de revenir sur un des épisodes les plus douloureux de son passé. Il n'y a pas que les chrétiens orthodoxes, qu'ils soient serbes ou russes, à travers la première bataille du Kosovo en 1389 ou la guerre de Crimée en 1853/1856, pour s'attacher à commémorer de « glorieuses défaites ». Il est vrai que, dans la série danoise, la défaite est tout sauf glorieuse. Ce qui est rapporté est la description d'une boucherie, plus proche des horreurs de la guerre de Goya que de toute vision proprement scandinave. Peut-on lire cette série comme un ultime avertissement donné aux Norvégiens ; résister à la Russie, ne serait-ce pas l'équivalent de ce qu'a été hier pour les Danois leur confrontation avec la Prusse ? La guerre, pour le Schleswig-Holstein, marque la disparition du Danemark comme pays majeur dans l'histoire européenne. C'est de cette question du Schleswig-Holstein que le Premier ministre anglais Lord Palmerston disait : « Il n'y a que trois personnes qui aient réussi à la comprendre, l'une est morte, l'autre est devenue folle, et moi-même j'ai tout oublié. » Cette guerre inutile et sanglante avait été voulue par un Premier ministre illuminé et irresponsable qui avait pour maîtresse, dans *1864-Amour et trahisons en temps de guerre,* l'actrice qui joue le rôle de Premier ministre dans la série *Borgen*. Une confusion troublante ou ironique, c'est selon, pour le spectateur de ces deux séries. Comment la même personne est-elle passée de la femme politique exemplaire, un modèle pour son pays et au-delà pour la cause des femmes dans le monde, à la diva irresponsable et capricieuse qui pousse son pays à la ruine et au bain de sang ?

Dans la série *1864,* les événements du passé sont mis en parallèle avec ceux du présent. La guerre d'hier est décrite à travers un récit d'époque qu'une jeune fille en pleine révolte, qui a perdu son frère dans l'engagement du Danemark au côté des forces de l'Otan dans la guerre en Irak, lit à un très vieux monsieur en fin de vie. Il s'agit d'un manuscrit écrit par sa propre grand-mère. Ce procédé avait déjà servi de fil conducteur à une excellente série britannique sur les origines du conflit Israël/Palestine et la naissance de l'État d'Israël, *The Promise* (*Le Serment*). Il permet en quelque sorte de souligner l'actualité du passé.

De la Norvège au Danemark, un passé douloureux sert de support à un présent qui ne l'est pas moins. Si même les social-démocraties du Nord, « Les Lumières du Nord », pour reprendre le titre d'une très belle exposition consacrée aux peintres scandinaves de la fin du XIXe et du début du XXe siècle, produisent désormais des séries aussi noires et pessimistes, d'où peut bien venir le salut ?

Autrement dit, y a-t-il des remèdes à ce cycle dépressif ? Peut-on concevoir des séries à thématiques géopolitiques qui seraient positives dans leurs conclusions, humanistes dans leur philosophie ? De telles séries auraient-elles la moindre chance de succès ? Penser une série géopolitique optimiste, n'est-ce pas un contresens, n'est-ce pas devenu un anachronisme ? De la même manière que l'on dit dans le monde de la presse que les bonnes nouvelles ne sont pas des nouvelles, penserait-on que des séries à thématiques géopolitiques et au contenu positif ne trouveraient pas de financement car elles n'intéresseraient personne dans le climat de défiance et de cynisme à l'égard des élites en général, et des politiques en particulier, qui est le nôtre aujourd'hui ? Comment remplacer ce qui semble être devenu une quête grandissante de désespérance par une recherche raisonnée et délibérée de confiance, sinon encore d'espoir ? C'est le thème du prochain chapitre.

VII

Balance of Power
ou comprendre le monde qui vient

L'écran est divisé en deux. Deux images défilent en parallèle. Les premières ont été filmées à Pékin, les secondes à Washington.

D'un côté de l'écran, le siège du pouvoir chinois avec la peinture murale représentant la Grande Muraille qui émerge, mystérieuse, d'un horizon de brumes et de forêts, telle qu'on peut la voir dans la grande salle du Palais du Peuple, là où Mao et Chou En-lai ont reçu Nixon et Kissinger. Que signifie cette peinture ? Traduit-elle la force tranquille, la sérénité d'un Empire qui, protégé par son mur, est prêt, aujourd'hui encore, comme il l'a fait hier et le fera demain, à surmonter tous les défis ? Mais cette Muraille et plus encore l'ameublement de la pièce datent terriblement, comme s'il existait un fossé entre l'énergie et la modernité du centre commercial de Pékin et le siège du pouvoir du Parti communiste chinois. Et si la forêt et les nuages étaient en train de recouvrir irrésistiblement la Grande Muraille ? Dans un jour proche visitera-t-on ce lieu comme on visite aujourd'hui la Cité interdite ? Deviendra-t-il à son tour un musée de l'Histoire du pouvoir en Chine, la grandeur esthétique d'une civilisation en moins ? Serions-nous à Versailles dans les années 1780, peu de temps avant la Révolution française ? L'image un peu sépia contribue à introduire comme un doute dans l'esprit du spectateur, comme un élément de complexité supplémentaire.

De l'autre côté de l'écran, on est à Washington, dans le fameux Bureau ovale de la Maison-Blanche. L'architecture, dans son caractère classique, dans son inspiration palladienne, est démocratique. Le pouvoir en ces lieux devrait être transparent. Mais est-ce vraiment le cas ? La présidence américaine n'est plus ce qu'elle était, victime d'un doute existentiel sur elle-même. L'image par le flou et le jeu de la lumière, un peu sépia là aussi, encourage le sentiment de la fragilité des choses.

Les deux images semblent dialoguer l'une avec l'autre, comme si elles voulaient refléter la réalité d'une forme de décadence compétitive entre les deux systèmes. Ce sont bien les deux nouveaux grands du monde, mais sont-ils prêts à assumer les responsabilités que l'on attend d'eux ? Le seul fait nouveau, c'est la forme de parité, et donc d'équilibre, qui existe désormais entre Washington et Pékin.

La simple juxtaposition de ces deux lieux qui se partagent l'écran est troublante. Le message n'en est pas moins clair. Il n'y a plus un seul centre de pouvoir, il y en a désormais deux : Pékin et Washington, les États-Unis et la Chine. Et ils sont tous les deux en crise. Selon le même procédé dual, comme l'est devenue la nature du pouvoir, les images s'enchaînent. On voit un défilé militaire nord-coréen sur la place principale de sa capitale, Pyongyang, avec en son cœur de gigantesques camions porteurs d'ogives nucléaires. Ces armes sont-elles sur le point d'être utilisées, l'auraient-elles déjà été ? Le message est limpide. De toutes les menaces qui pèsent sur l'humanité, l'arme nucléaire demeure la plus préoccupante. Comme pour confirmer ce message, de l'autre côté de l'écran se déroulent des scènes d'émeutes. On est à Karachi, au Pakistan, dans un pays fragile et qui possède l'arme atomique. Le contrôle de cette arme est-il parfaitement sûr ? Les émeutiers ne risquent-ils pas de s'en emparer ?

D'autres scènes se succèdent, évoquant, celles-là, la présence chinoise au Moyen-Orient. Des troupes chinoises au sol affrontent dans les rues d'une ville arabe des combattants de Daech.

Le sujet s'élargit, les défis sont désormais environnementaux : désertification de l'Afrique et sa conséquence, l'afflux de réfugiés climatiques, fonte des glaces dans l'Antarctique. L'arme nucléaire n'est pas seule à menacer la planète. Enfin, d'autres images, plus mystérieuses, évoquent la guerre que se livrent les principaux pays en matière de cybersécurité.

À ce moment du générique, deux visages apparaissent rapidement et simultanément, ceux d'une femme asiatique et d'un homme occidental. Elle est belle et mystérieuse. Il est tout aussi charismatique, avec son look de James Bond intellectuel. Ce sont nos deux héros. Se sont-ils déjà rencontrés, ont-ils été étudiants ensemble, dans un passé pas si lointain ? Des images de l'université de Harvard aux États-Unis défilent en parallèle avec celles de l'université de Pékin en Chine…

Les nouveaux gendarmes du monde

L'action de *Balance of Power* peut commencer. Son message, déjà explicite, va se clarifier au fil des épisodes et des saisons.

Face aux menaces, et devant la confusion du monde, un semblant d'ordre serait-il sur le point d'émerger à partir de la complicité/rivalité entre les États-Unis et la Chine ? L'espoir naîtrait-il de la coopération forcée entre ces deux puissances, qui ne s'aiment pas nécessairement mais ont appris à s'estimer ? Washington et Pékin sont-ils arrivés à la conclusion qu'ils ne peuvent plus faire seuls et doivent donc faire ensemble ?

Chers lecteurs, ne vous précipitez pas fébrilement sur Internet. La série *Balance of Power* ne vous a pas échappé. Elle n'existe pas, pas encore en tout cas !

Balance of Power, ce qui peut se traduire en français par l'expression « équilibre des puissances », est une formule qui décrit le système diplomatique européen avant et après la période de la Révolution française et de l'Empire. Dans ce système, les principaux acteurs sont conscients que ce qui les rapproche est très supérieur à ce qui les divise. Sauver le système, c'est-à-dire l'équilibre européen hier – on parlait de concert européen pour souligner l'harmonie qui existait entre ses membres –, sauver, tout simplement, la planète aujourd'hui, c'est devenu un impératif de survie. Face à la double menace de l'atome et du réchauffement climatique, sans oublier celle de Daech, on ne plaisante plus. On doit agir ensemble, sous peine de mourir ensemble.

« Nous aimons plus la vie que vous n'aimez la mort » : tel sera le message subliminal de la série. Face à la montée des terrorismes, des irresponsables de toutes natures animés par des ambitions nationales, religieuses ou purement matérialistes, les héros de la série opposent leur sens du bien commun et leur amour de la vie. Un message positif, certes, mais qui ne sombre pas dans la naïveté ou la mièvrerie. On est bien dans l'univers réel, celui de Machiavel et de Hobbes.

Ce chapitre sur *Balance of Power* est une commande, non pas encore, hélas, de grands investisseurs mondiaux, essentiellement américains, spécialisés dans la création et la réalisation de séries et soucieux de renouveler le genre en revenant à des héros et à un message moins négatif. Il s'agit plus modestement d'une suggestion de mon éditeur chez Stock. C'est Manuel Carcassonne, qui préside désormais aux destinées de cette maison, qui m'en a donné l'idée. Il souhaitait que, comme je l'avais fait pour *La Géopolitique de l'émotion*, je puisse conclure mon ouvrage par un exercice de politique-fiction, en proposant un thème de série qui n'existe pas, ou pas encore. Il ne s'agit plus, cette fois-ci, de présenter deux scénarios, l'un négatif, l'autre positif, pour imaginer le pire et le meilleur des mondes en 2025. Il s'agit vraiment d'un exercice d'imagination pure, fondé néanmoins sur une hypothèse sinon probable, en tout cas plausible.

L'idée de Manuel Carcassonne était trop séduisante pour que j'y résiste, même si je suis bien conscient qu'il y a quelque chose d'incongru, pour un spécialiste de géopolitique, à se livrer à un pur exercice de fiction télévisuelle et non plus seulement d'analyses et de commentaires. Il est vrai qu'après avoir choisi les séries télévisées comme champ d'étude je ne risquais plus guère pour ma réputation de rigueur académique.

Néanmoins, pour répondre le plus sérieusement possible à la commande, il me fallait trouver un thème qui soit tout à la fois suffisamment réaliste pour être crédible et suffisamment nouveau et imaginatif pour retenir l'attention de mes lecteurs ou éventuellement, un jour, potentiels spectateurs.

Balance of Power décrit une réalité qui est loin d'exister, mais qui pourrait bien advenir un jour pas si lointain.

Il me paraissait aussi important, sur un plan pédagogique et géopolitique, de « raconter une histoire » qui donnerait du sens et fournirait un cadre plausible à la tentative de reconstruction d'un ordre international autour des deux acteurs le plus à même aujourd'hui de jouer ce rôle, les États-Unis et la Chine. Je voulais également renverser une tendance consistant à présenter sous un jour presque sympathique des héros négatifs. Assez de « gentils salauds ». Pourquoi ne pas tenter d'inverser la tendance en réintroduisant des personnages positifs sans tomber dans la mièvrerie ou l'irénisme ? Les héros de *Balance of Power* ne seront certes pas des saints. Ils pourraient, dans le cadre de leurs missions, recourir à la force la plus brutale ou au mensonge, mais ils ne seront ni des sadiques ni des narcissiques pervers. Ils seront animés à la fois par la volonté de servir au mieux leurs pays respectifs et par celle de préserver le sort de la planète, sinon d'améliorer le monde dans lequel ils vivent.

Quand les civilisations se perçoivent comme égales

Une autre caractéristique de la série me paraît fondamentale. Ses héros principaux se perçoivent comme des égaux, très loin du sentiment de supériorité du « colonisateur blanc » d'hier à l'égard des « autres », et sans complexe de supériorité chinois dû à l'ancienneté de cette civilisation. Entre la représentante du plus vieil Empire toujours « en existence », la Chine, et celui du plus jeune « Empire », si l'on peut vraiment utiliser ce mot pour parler des États-Unis, il existe comme un respect mutuel naturel qui va au-delà de leurs personnes propres et touche à l'essence même des relations nouvelles entre leurs deux pays.

Il est très rare que des civilisations se perçoivent comme égales, et en général cela ne dure guère, comme si ce respect de l'autre et de sa différence n'était pas naturel à l'homme. Je me souviens encore de l'impression d'étrangeté que j'éprouvais lorsque, au musée du Palais royal de Milan, visitant il y a quelques années une exposition consacrée à l'art japonais du XVIIe siècle, je tombai sur une petite salle qui me fascinait sans que je puisse comprendre exactement pourquoi. Les œuvres présentées, toutes de petite dimension, constituaient un ensemble unique. Il s'agissait de représentations de Japonais par des artistes néerlandais et de portraits de Bataves par des Japonais. Bref, une sélection de regards croisés. Plus je contemplais ces œuvres de petits formats, plus je commençais à saisir ce qui était l'objet de ma fascination. Dans leurs représentations respectives les uns des autres, artistes japonais et bataves se peignaient ou se dessinaient comme des égaux parfaits, sans même jouer la carte de l'exotisme, comme le faisait le peintre vénitien Carpaccio dans sa représentation des Ottomans au XVe siècle. On percevait tout simplement un respect, sinon une admiration réciproques. La fascination des Hollandais pour le raffinement et la sophistication de la civilisation nippone, le respect des Japonais pour ce qu'ils appelaient à l'époque les « sciences hollandaises ». Il existait entre la maîtrise de l'art des uns et la maîtrise des techniques des autres comme un parfait équilibre.

Cette clé secrète du bon rapport entre les civilisations, le respect et le regard porté sur l'autre comme un égal, est le point de départ, le fil conducteur, sinon la raison d'être de la série *Balance of Power*. Avec un message parfaitement explicite : cela est possible, puisque cela existe. Bien sûr, ce dialogue des civilisations basé sur le respect est rendu plus facile par l'attraction physique, mais aussi intellectuelle qui existe entre les deux héros. Une attraction qui n'exclut pas le regard critique que chacun peut porter sur son système et sur celui de l'autre.

De The West Wing *à* Balance of Power

Pour revenir au monde des séries, les héros de *Balance of Power* seront avant tout, en quelque sorte, les héritiers directs de ceux de *The West Wing* et les antithèses presque parfaites des personnages des séries plus récentes que sont *House of Cards* ou *Game of Thrones*. Mais c'est un héritage élargi, puisque les deux héros principaux appartiennent à deux mondes, à deux civilisations si profondément différentes en termes de culture, et peut-être plus encore de culture politique. Pourtant, ils sembleront si proches sur l'écran, sinon dans la réalité.

Le retour de la bipolarité

Le point de départ de *Balance of Power* est l'émergence, face au risque grandissant de chaos dans le monde, d'une forme de G2. Ni les États-Unis ni la Chine ne souhaitaient vraiment l'existence d'un tel Club officieux. Pour les Américains, le retour à un système bipolaire, la Chine s'étant substituée à l'URSS, est en quelque sorte un aveu d'échec. De même que, pour la Russie, figurer parmi les BRICS (Brésil, Russie, Inde, Chine, Afrique du Sud) constituait une forme d'humiliation après son statut de superpuissance de la guerre froide, pour les États-Unis, passer de l'hyperpuissance du monde unipolaire à un retour à la bipolarité n'est pas vraiment flatteur. N'étaient-ils pas pendant plus d'une décennie seuls dans leur catégorie de puissance, la « puissance indispensable », pour reprendre la formule de la secrétaire d'État de Bill Clinton, Madeleine Albright ? Paradoxalement, la Chine ne souhaitait pas officialiser son nouveau statut de très grand du monde. La « Grande Muraille » ne traduit-elle pas son ambivalence à l'égard du monde extérieur ? Il s'agit avant tout de se protéger de lui, pas de le conquérir à partir du Mur. Fière mais calculatrice, la Chine souhaitait en quelque sorte continuer d'avancer « masquée ». Reconnaître formellement l'existence d'une forme de G2, c'est, pour la Chine, devoir accepter des responsabilités internationales nouvelles, en particulier au Moyen-Orient et plus seulement en Asie, qu'elle ne souhaite pas assumer. Elle voulait encore progresser sur le plan économique et social – condition indispensable à la survie de son système politique, et donc au maintien au pouvoir du Parti communiste chinois – et profiter du coût pour les « autres », de l'Amérique jusqu'à la Russie, de leurs ambitions interventionnistes malheureuses. L'Amérique était un adversaire qu'elle admirait et combattait. Une partie importante de la jeunesse éduquée chinoise rêve d'Amérique et partage le culte de l'excellence qui est celui des universités d'élite américaines en matière d'éducation. La Russie constituait en revanche pour la Chine un allié qu'elle utilisait et méprisait un peu tout à la fois, persuadée comme elle pouvait l'être de son déclin irrémédiable.

Ce sentiment d'être contraint sans enthousiasme d'avoir à travailler ensemble, parce que chacun de son côté se trouve confronté à des difficultés plus grandes que prévu, est une des clés de la série *Balance of Power*. Les deux puissances ne se considèrent pas seulement comme des égales, elles sont unies par un sens commun d'échec relatif qui pousse l'Amérique à plus de modestie et la Chine à plus d'ambitions internationales. On pourrait parler de grandes puissances réticentes. Les États-Unis et la Chine ont dû se résigner à accepter leurs responsabilités conjointes ; ni leurs évolutions respectives, ni celle du monde ne leur avaient laissé le choix. L'Amérique n'a plus les moyens ni la volonté de jouer les gendarmes du monde. Le Moyen-Orient l'en a découragée. La Chine, à l'inverse, a intégré progressivement le fait qu'elle doit assumer une part au moins des responsabilités du monde si elle veut maintenir le statut que lui a conféré hier une réussite économique qui n'est plus éclatante, mais presque préoccupante. Moins de croissance d'un côté, plus de responsabilités internationales de l'autre, la Chine, qui doute d'elle-même en dépit des apparences, est à la recherche d'un nouvel équilibre. Et le monde est décidément devenu trop dangereux, à commencer par cette secte baroque que constitue le régime nord-coréen, bien trop proche géographiquement de la Chine. Si un pays peut mettre un peu d'ordre en Corée du Nord avant que l'irrémédiable se produise, c'est bien la Chine. En collaboration avec les États-Unis, l'allié le plus proche de la Corée du Sud, sans oublier le rôle d'un Japon toujours légitimement obsédé par les risques du nucléaire, plus encore militaire que civil, bien sûr.

En fait, les États-Unis tout comme la Chine doivent se résigner à une forme de collaboration compétitive qu'ils n'ont jamais, c'est le moins que l'on puisse dire, appelée de leurs vœux. Mais, contrairement à ce qui existait au moment de la guerre froide entre les États-Unis et l'URSS, il serait très exagéré de parler de conflit idéologique entre Pékin et Washington. Le communisme n'est plus qu'une couverture idéologique pour les Chinois, le moyen de justifier le maintien du Parti communiste au pouvoir. Quant à la démocratie, elle est pour les Américains une évidence, mais aussi un modèle profondément en crise.

Le colonel Lu et le major Adams

Je ne fais que nommer les deux héros principaux de la série. Ils sont tous deux membres des « services » de leurs pays respectifs.

Le colonel Lu enseigne les relations internationales dans une des grandes universités de Pékin. Elle est la fille d'un cadre dirigeant du Parti, son arrière-grand-père a fait la Longue Marche. Elle appartient indiscutablement à l'aristocratie politique du pays, ce qui lui a permis de faire des études à l'université de Harvard. Elle est revenue des États-Unis avec une bonne compréhension du système américain, et plus encore une « intuition » de l'Amérique. Il ne lui est pas difficile de se mettre dans la tête d'un Yankee, ce qui constitue pour elle une forme d'avantage structurel. Elle ne parle pas seulement parfaitement l'anglais, elle pense pour partie au moins comme une Américaine. Elle est aussi consciente des faiblesses de son pays, ce qui ne l'empêche pas d'être d'une parfaite loyauté à l'égard de son système, mais plus encore de sa culture, sinon de sa civilisation. Elle est avant tout fière d'être chinoise. Souriante, fine, un peu réservée, elle a ce teint très blanc, ces yeux en amande qui font d'elle une sorte de « poupée de porcelaine » n'ayant besoin que d'apparaître pour « rallier les cœurs derrière soi ». Elle possède aussi un sérieux sens de l'humour, qui lui permet à sa manière, très discrète et indirecte, d'exprimer par son silence des réserves sur l'évolution politique de son pays. Elle sent bien que, depuis l'arrivée de Xi Jinping au sommet de l'État, le pouvoir ne s'est pas seulement concentré mais durci. Elle a passé trop de temps aux États-Unis pour ne pas comprendre que l'État de droit à la chinoise, c'est-à-dire le contrôle absolu que le pouvoir exerce en s'abritant derrière le droit qu'il est seul à définir et interpréter, ne peut suffire pour répondre aux problèmes du pays. Lu n'est donc pas secrètement dissidente, elle fait pleinement partie du système, mais, à sa manière, elle pense librement. Cette capacité lui sera indispensable dans la coopération professionnelle d'abord, plus personnelle ensuite, qu'elle va développer avec celui qui va devenir son partenaire.

Le major Adams est lui aussi passé par l'université de Harvard, comme l'avaient fait les principaux membres de sa famille avant lui. Des yeux bleus à la Paul Newman, un corps musclé et mince à la Pierce Brosnan, une fine barbe et des lunettes d'intellectuel à la Harrison Ford dans le film *Le Fugitif*, il forme avec le colonel Lu un couple naturel. Il parle un peu le chinois et il possède une certaine compréhension, et plus encore une forme d'attirance pour un pays où son arrière-grand-père a servi comme pasteur au début du siècle dernier. Dans la maison familiale du quartier très chic de Boston à Beacon Hill – là où le romancier Henry James situe l'action de son livre *Les Bostoniennes* –, il a grandi entouré d'œuvres d'art ramenées de Chine par son ancêtre. La Chine n'est pas seulement pour lui une réalité géopolitique, mais aussi culturelle, un monde qui lui est moins familier que l'Amérique ne peut l'être à Lu, mais qui ne lui est pas non plus complètement étranger.

En ce sens, le colonel Lu et le major Adams constituent pour leurs pays respectifs une sorte de résumé symbolique de la nouvelle relation que les deux pays se voient contraints de bâtir entre eux.

Lu et Adams à Pyongyang

Dans ses Mémoires, *Le Lièvre de Patagonie*, Claude Lanzmann, dans un passage particulièrement bien enlevé et presque irrésistible de drôlerie, volontaire ou involontaire, nous conte ses amours torrides avec une belle Nord-Coréenne. Nos deux héros, dans ce premier épisode de la saison 1, vont apprendre à se connaître, et nous avec eux. La tâche est difficile pour Lu. Officiellement, en tant que Chinoise, elle est censée être une alliée, certes critique, du régime en place. En réalité, son rôle est d'interagir avec son alter ego américain dans ce qui est sans doute une des premières opérations conjointes sino-américaines, dans le cadre de cette bipolarité nouvelle qui se met en place. En ce sens, ce premier épisode coréen a valeur de test pour les deux pays et pour nos deux héros.

Lu et Adams sont envoyés à Pyongyang dans le cadre d'une mission dite scientifique, où chacun n'est pas censé connaître l'autre. Elle consiste à avertir leurs pays respectifs des véritables intentions du régime nord-coréen, et si nécessaire à agir avant qu'il ne soit trop tard, c'est-à-dire avant que l'arme atomique de Pyongyang ne soit utilisée contre le grand frère sud-coréen. Concrètement, cela signifie enlever un savant nucléaire nord-coréen.

Les dirigeants de Pyongyang bluffent-ils une fois de plus en annonçant, comme ils viennent de le faire, leur intention d'utiliser leur arsenal nucléaire contre le régime de Corée du Sud ? Entendent-ils une fois de plus « rançonner » la communauté internationale avec des arguments du type « Payez-moi ou je me comporte comme un fou » ? Et si, cette fois-ci, c'était différent et plus grave, comme le pensent Washington et Pékin, et comme leurs agents vont le confirmer sur le terrain ?

Chinois et Américains unis face à Daech

Après avoir sauvé le monde de la Corée du Nord, nos deux héros se retrouvent confrontés à une autre forme de folie : celle de Daech. Après les attentats survenus aux États-Unis et en Chine, revendiqués par Daech, Washington et Pékin n'ont plus le choix, ils se doivent d'intervenir sur le terrain contre le prétendu califat. Depuis la révolution intervenue avec le développement des pétroles et gaz de schiste aux États-Unis, l'Amérique ne dépend presque plus du Moyen-Orient en matière énergétique. Ce n'est pas le cas de la Chine, plus dépendante que jamais de cette région du monde. Elle se doit d'intervenir elle aussi. Ce scénario n'est pas une lubie extravagante issue de l'imagination délirante de l'auteur de ces lignes. Lors de mon dernier voyage d'études à Pékin, en novembre 2015, un expert chinois de haut rang a évoqué très sérieusement cette perspective. Si nous avons un mandat des Nations unies et un feu vert du gouvernement de Damas, nous n'hésiterons pas à intervenir militairement contre Daech, a-t-il déclaré. Trop de citoyens chinois ont déjà été victimes de cette organisation criminelle, ajoutait-il. Le moment est venu pour la Chine de réagir avec la plus grande détermination. L'intervention du colonel Lu et du major Adams se situe dans le cadre de ce que j'ai intitulé « le monde qui vient ».

La relation spéciale Washington/Pékin

Les effets spéciaux, le rythme trépidant, les budgets colossaux, la qualité exceptionnelle de la photographie, qui nous ferait presque redécouvrir Londres et Rome et découvrir Mexico, le charme et la sensualité de Léa Seydoux n'y peuvent rien. Le dernier James Bond, *Spectre*, est une grande déception. La faute en incombe avant tout aux scénaristes. On ne croit pas un seul instant à l'intrigue, qui apparaît comme un condensé paresseux de plusieurs épisodes précédents. Les meilleurs scénaristes auraient-ils abandonné l'univers du cinéma pour celui de la série ? La thématique de *Balance of Power* se veut aussi réaliste et crédible que possible. Elle part d'un constat qui est économique au départ. Pour la première fois depuis des siècles, la Chine affecte l'état de l'économie du monde au moins autant qu'elle est affectée par celui-ci. Dans les années à venir, entre un tiers et la moitié de la croissance des revenus mondiaux dépendra de la Chine.

Alors que l'Amérique aujourd'hui cherche encore, très probablement à tort, à exclure la Chine de l'architecture institutionnelle du monde, la série *Balance of Power* part du présupposé que, même sur les plans de la sécurité et de la diplomatie, Washington a dû dépasser ses réticences à traiter l'autre comme coresponsable et sa volonté de rester « seul aux manettes ». Il en découle, dans le déroulement des épisodes de la série, toute une logique, faite de rivalités et de coopérations, de tension et d'attraction. Le colonel Lu et le major Adams sont tout à la fois les symboles et le véhicule de ce rapprochement. Mais ils ne sont pas simplement cela. Ils existent au-delà des nations qu'ils représentent. Leurs émotions sont bien réelles et personnelles et doivent être ressenties comme telles par le spectateur. D'où l'importance des réserves, des doutes et inquiétudes qu'ils peuvent l'un comme l'autre ressentir par rapport aux évolutions de leurs pays respectifs. Leurs échanges verbaux, sur la forme de confidences glissées l'un à l'autre au fil des saisons, constituent l'une des dimensions importantes du récit. Ils apprennent à se découvrir et, comme dirait Antoine de Saint-Exupéry, à « s'apprivoiser ».

La guerre qui existe au sein de l'islam, le durcissement de la Russie de Poutine, sans parler du réchauffement de la planète, ne leur laissent, il est vrai, pas d'autre choix.

D'autres personnages vont apparaître dans la série pour compléter le tableau du monde que nous essayons de dresser. Ainsi des Indiens, très concernés par le sort du Pakistan bien sûr, des Japonais et des Sud-Coréens, aux premières loges, face aux dérives nord-coréennes, mais aussi des Européens et même des Israéliens qui ont une relation étroite tout aussi bien avec les Chinois qu'avec les Américains, tous apparaîtront dans les développements de l'intrigue. Il s'agit de brosser le tableau le plus réaliste possible du système international aujourd'hui. Mais d'autres caractères vont apparaître qui, comme le major Adams ou le colonel Lu, sont eux aussi américains et chinois, mais cherchent, pour des raisons idéologiques, ou plus simplement de carrière, à faire capoter le projet de rapprochement entre les États-Unis et la Chine. Tout autant que les dictateurs nord-coréens ou les fanatiques pakistanais, le colonel Lu et le major Adams doivent se protéger sur leurs fronts intérieurs respectifs. Ils peuvent le faire avec d'autant plus de succès que, s'espionnant les uns les autres de la manière la plus intensive et sophistiquée, Chinois et Américains en savent parfois plus l'un sur l'autre que sur eux-mêmes. Ainsi peuvent-ils s'avertir de ce qui se fomente dans les couloirs du Congrès ou au sein des bureaux du siège du Parti communiste chinois.

Leurs « grandes oreilles » respectives introduisent dans le récit une référence technologique correspondant à la réalité de la confrontation entre les deux systèmes et les deux nations. Mais elles introduisent aussi un élément de complicité supplémentaire entre nos deux héros principaux. Avec chaque fois un dilemme : chacun va-t-il communiquer à l'autre ce qu'il sait sur lui et les défis internes auxquels il se trouve confronté ? Le faire, c'est lui révéler qu'on l'espionne avec une redoutable efficacité. Ne pas le faire, c'est risquer l'échec de leur mission commune.

La série est toujours porteuse du même message : il n'y a pas d'alternative à la collaboration la plus étroite possible. Ensemble on peut venir à bout du mal, c'est-à-dire du chaos grandissant : tel est le message de *Balance of Power*.

Conclusion

Dans la collection « 1001 choses à faire avant de mourir » vient de sortir un volume sur les séries télévisées (*1001 TV Series You Must Watch Before You Die*). C'est avec respect et un peu de peur que je l'ai consulté pendant l'écriture de cet essai. Sa présence intimidante à côté de mon ordinateur me rappelait la nature provocatrice de mon travail. Poursuivre ma recherche sur les émotions du monde à travers les séries télévisées constituait déjà en soi une provocation. Mais arriver à des conclusions définitives à partir de l'analyse comparative de moins de dix séries, n'était-ce pas ajouter l'insulte à la blessure, pour traduire littéralement une expression qui n'a pas vraiment d'équivalent en français ?

Aujourd'hui, grâce à Netflix, Amazon Prime, YouTube, BBC Store et bien d'autres sources de streaming, l'accès aux séries les plus diverses est devenu beaucoup plus aisé. Il faut plus que jamais choisir. Une série britannique comme *Coronation Street*, un classique du genre *soap opera*, est diffusée sur ITV depuis 1960 et a dépassé, au moment où j'écris ces lignes, les huit mille six cent cinquante épisodes. Les voir tous signifierait ne rien faire d'autre pendant près de trente jours.

Cet essai sur la géopolitique des séries est pourtant plus qu'un simple jeu de l'esprit. Le portrait que je dresse du monde qui est le nôtre à travers des séries particulièrement représentatives et complémentaires me semble de fait assez fidèle à la réalité, assez proche du vécu et du ressenti de nos sociétés. Tout au long de l'écriture de cet essai, je n'ai pas, de manière systématique, recherché la peur. Mais je l'ai trouvée toujours présente. Elle s'est imposée à moi dans toutes les séries étudiées, dans chaque nouvelle saison, chaque nouvel épisode.

Les séries qui me sont apparues comme incontournables sur le plan géopolitique du fait de leur thématique, de leur actualité, de leur immédiateté et de leur rayonnement international, sans oublier le critère de qualité, apparaissent comme un catalogue illustré, sinon un résumé des peurs du monde. La peur du temps qui passe et d'un monde qui disparaît. La peur de l'entrée (ou du retour) dans un monde sauvage et barbare. La peur du déclin. La peur de l'autre et plus encore de l'autre au sein de sa société, sinon en soi. La peur de la perte de contrôle sur un monde qui nous échappe et que l'on n'arrive plus à comprendre. La peur du puis-

CONCLUSION

sant voisin qui peut vous envahir et, face à ce scénario, la peur de ne pas être à la hauteur, de se montrer lâche, inconséquent ou, pis encore, suicidaire.

Mais que le lecteur ne se trompe pas sur mes intentions. Si j'ai parlé aussi abondamment des peurs du monde, ce n'est pas pour y céder, suivre la mode intellectuelle et rajouter avec complaisance la peur à la peur, pour satisfaire l'esprit des temps. Il y a des raisons, et elles sont nombreuses, d'avoir peur. Il suffit d'ouvrir un journal télévisé. Je ne reviendrai pas sur ce thème longuement analysé dans cet essai.

À vrai dire, mon intention était tout autre. Analyser les peurs du monde à travers ce média privilégié que constituent les séries télévisées, c'est, je l'espère, mieux les comprendre et peut-être ainsi contribuer à les transcender.

Parler de la peur pour préserver ou plus exactement rendre l'espoir, telle a été l'ambition de ce livre.

Un espoir raisonnable, rationnel, trop dominé par une vision réaliste du monde peut-être. Le chapitre *Balance of Power*, par lequel se conclut cet essai, ne fait pas rêver, j'en suis bien conscient. La nouvelle bipolarité entre les États-Unis et la Chine sur laquelle je base mon récit n'a pas pour ambition de penser un monde idéal, mais un monde possible face à la montée irrésistible du chaos, et ses conséquences sur la réalité et l'imaginaire de notre monde.

Concilier réalisme et valeurs, situations réelles et héros positifs est non seulement possible, mais nécessaire. Et si les séries pouvaient contribuer à la lutte contre l'intolérance, le cynisme, la résignation au pire… Leur centralité est devenue telle qu'il est légitime de leur demander d'influer de façon positive et non pas seulement négative sur les émotions du monde. Une certaine forme d'optimisme lucide peut-elle se retrouver dans des séries ambitieuses, didactiques, sinon pédagogiques ? C'est, de manière ultime, la raison d'être de ce livre.

Remerciements

Tout comme mes précédents livres, *La Géopolitique des séries* a été avant tout une aventure familiale. Sans l'enthousiasme, l'énergie et la culture encyclopédique de mes fils Luca et Laurent en la matière, aurais-je eu l'idée de consacrer un livre à cette thématique qui rapprochait les générations, donnant au grand-père que je suis devenu pendant l'écriture de ce livre un sacré coup de jeune ? Mon épouse Diana Pinto, au-delà de ses multiples relectures de mon manuscrit, a été une victime parfois mais pas toujours consentante d'un travail de recherche que j'ai abordé avec un sérieux tout germanique. Combien de soirées passées à visionner ensemble des séries souvent plus terrifiantes ou déprimantes les unes que les autres ? J'ai bénéficié de l'aide précieuse d'un ami, par ailleurs historien réputé, Jean-Marc Dreyfus, qui a eu la gentillesse de lire une version très préliminaire de ce texte. Plus proche de la génération de mes enfants que de la mienne, il m'a fait partager sa passion pour les séries et m'a encouragé par ses commentaires. Mon ami peintre Bruno Dufour-Coppolani a ajouté son regard d'artiste à mes visions plus intellectuelles et théoriques des séries. Nos voisins et amis, Natascha et Charles Campbell, ont eux aussi joué un rôle important, transformant un immeuble bourgeois du huitième arrondissement en un centre de recherche avancée sur le décryptage des séries.

Pendant l'écriture de ce livre, ma maison de Joigne, dans la Manche, s'est elle aussi transformée en une sorte de phalanstère pour amateurs éclairés de séries télévisées. Ses vibrations semblaient à l'unisson des séries elles-mêmes : confortables et positives lorsque nous regardions *Downton Abbey*, froides et glaçantes, bien sûr, lorsque nous assistions, terrorisés, à tel ou tel épisode de *Game of Thrones*.

Je tiens à remercier Véronique Cayla, qui m'a permis de découvrir *Occupied* avant sa diffusion sur Arte. Enfin, mes éditeurs, Manuel Carcassonne et Alice d'Andigné, qui m'ont encouragé avec chaleur, imagination et constance dans une thématique tout à fait nouvelle pour moi.

Je suis bien évidemment seul responsable de la lecture faite de toutes ces séries dont la vocation principale était de distraire et non pas de servir d'objet d'analyse géopolitique. Que leurs réalisateurs me pardonnent cette « prise d'otage »… sérielle.

Joigne/Paris, le 13 décembre 2015

TABLE

Préface	9
Introduction	17
I. Le temps des séries	33
II. *Game of Thrones* ou la fascination du chaos	59
III. *Downton Abbey* ou la nostalgie de l'ordre	85
IV. *Homeland* ou l'Amérique face au terrorisme	107
V. *House of Cards* ou la fin du rêve américain	131
VI. *Occupied* ou le retour de la menace russe	155
VII. *Balance of Power* ou comprendre le monde qui vient	171
Conclusion	191
Remerciements	195

*Achevé d'imprimer en août 2017
sur les presses de l'imprimerie Maury Imprimeur
45330 Malesherbes*

N° d'édition : L.01EHQN000924.B002
Dépôt légal : janvier 2017
N° d'impression : 220607

Imprimé en France